JOSCHA REMUS

BERLINER UMLAND
BRANDENBURG
MECKLENBURGER SEEN
OSTSEEKÜSTE

emons:

DAS IST DRIN

**Zum Herunterladen der GPS-Daten
auf den Computer und zur Nutzung auf GPS-Geräten:**
emons-verlag.de/wandern-Berlin

NATURPARK ERPETAL

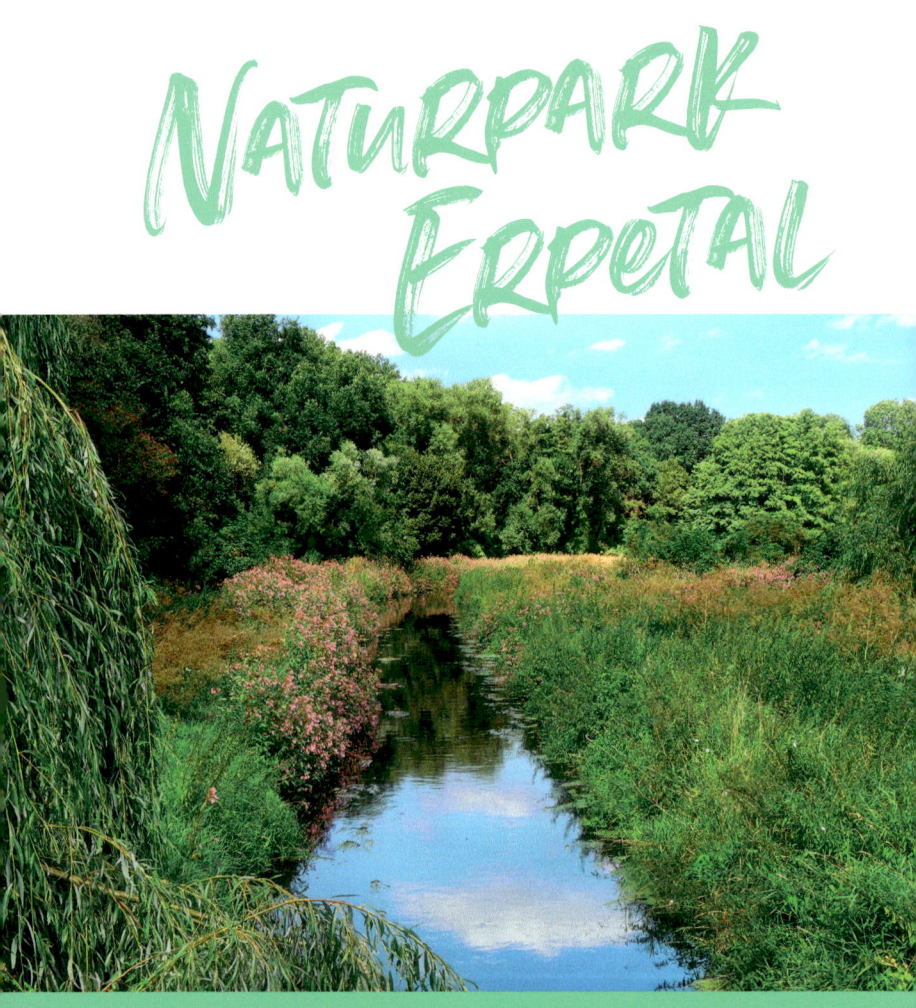

Schwierigkeit: leicht // 9 Kilometer // 10 Höhenmeter
Für Familien mit Kindern geeignet

BÜFFEL, BIBER
UND GRAUREIHER

Berlin ist eine der wasserreichsten Hauptstädte Europas und eine Metropole, die immerhin über doppelt so viele Brücken wie Venedig verfügt. Erzählt man Besuchern, dass es in Berlin 70 Inseln, 50 Seen, 8 Kanäle und die 3 Hauptflüsse Havel, Spree und Dahme gibt, bleibt vielen vor Staunen der Mund offen stehen. Dabei sind die vielen kleineren Flüsse wie Erpe, Panke, Wuhle und Bäke noch gar nicht berücksichtigt.

GRAUREIHER IM ERPETAL

Wenn man jemanden mit verbundenen Augen in den Naturpark Erpetal führen und den Blick dann freigeben würde, käme wohl kaum jemand auf die Idee, in Berlin zu sein. Die Erpe, ein Nebenfluss der Spree, ist vielen in der Hauptstadt nach wie vor nicht bekannt. Kein Nachteil, wenn man Ruhe und naturnahe Einsamkeit sucht.

Startpunkt ist die S-Bahnstation Hirschgarten, die uns unmittelbar in die grüne Natur bringt. Man verlässt den Bahnhof am Nordausgang und folgt dem Wegweiser zur KGA Erpetal. Ein Schild, das auf die Kleingartenanlage Erpetal verweist. Gleich rechts um die Ecke und dann direkt ins kleine Waldgebiet hinein.

Lasst die folgende Gartensiedlung Erpetal bitte links liegen. Der hier abzweigende Weg führt zwar auch ins Erpetal, aber viel schöner ist es, an der Gärtnerei Hirschgarten vorbei bis zur Unterführung zu wandern und dort dann links abzubiegen, denn hier halten sich meistens die WASSERBÜFFEL ❶ auf. Während der warmen Jahreszeit sieht man sie oft auf der Koppel dicht an dicht unter den Bäumen dösen und den Schatten genießen. Wasserbüffel, die man übrigens nicht füttern sollte, werden im Erpetal als grasende Landschaftspfleger eingesetzt. Wenn es feucht ist, stehen sie gern tief in der

Feuchtwiese oder schaffen mit ihren Schnauzen im matschigen Untergrund wunderbare Bodenvertiefungen. Diese Suhlen gelten nicht nur als Wellnessbereich der Wasserbüffel, sondern werden später zu neuen Lebensräumen für Libellen und Amphibien. Als würde die Begrüßung durch die Wasserbüffel noch nicht ausreichen, um einen zu verzaubern, geht es entlang der Erpe malerisch und wild weiter mit wunderschönen Kopf- und Trauerweiden, die ihren Lauf säumen. Die Erpe wird an einigen Stellen durch künstliche Stromschnellen mit Sauerstoff angereichert und mäandert anschließend friedlich plätschernd durch üppige Feuchtwiesen. Anfangs mag sich hier auch noch das Rauschen der S-Bahn ins naturhafte Hörerlebnis mischen, doch schon nach wenigen Schritten ist verkehrstechnisch gesehen Ruhe im Busch. Hörgenuss pur: nichts als Vogelzwitschern und Erpe-Rauschen.

DAS ERPETAL IST EINES DER WENIGEN ERHALTENEN FLIESSTÄLER IN BERLIN. ALLERDINGS IST DER NAME IRREFÜHREND. ES HANDELT SICH NICHT UM EIN WIRKLICHES TAL, SONDERN UM EINEN FLACHEN FLUSSLAUF, DEM WIR NUN WEITER RECHTSSEITIG FOLGEN. EIN GROSSES HINWEISSCHILD »WEIDELANDSCHAFT ERPETALWIESEN« VERWEIST AUF TIERE UND PFLANZEN, FÜR DIE ES SICH LOHNT, DIE AUGEN ZU ÖFFNEN UND INNEZUHALTEN: BIBER, EISVÖGEL, MOORFRÖSCHE UND DIE GEBÄNDERTE PRACHTLIBELLE SIND HIER EBENSO ZU FINDEN WIE DIE SELTENE WIESENRAUTE, DER BLUTWEIDERICH UND DIE SUMPFSCHWERTLILIE.

An der zweiten Brücke nach der Kleingartenanlage Wiesengrund folgen wir dem NABU-Naturlehrpfad und gehen links über die Erpe zur RAVENSTEINER MÜHLE ❷. »Raven« ist eine aus dem Mittelalter stammende Form, die auch heute noch im Englischen für das deutsche Wort Rabe zu finden ist. Ins heutige Deutsch übersetzt befinden wir uns also an der Mühle des Raben. Tatsächlich lässt sich die Ravensteiner Mühle bis ins Jahr 1434 zurückverfolgen. Im 19. Jahrhundert war sie Sägemühle, sollte danach Guano-Dünger-Fabrik werden, wurde aber zum beliebten Ausflugsrestaurant und ab 1945 ein Seniorenheim. Heute wäre dieses Bauwerk an der Mühlenstraße wohl eher ein Kandidat für Berliner Lost Places, denn der Charme vergangener Zeiten ist leider verloren gegangen. All diejenigen, die eine klappernde Mühle erwartet haben, werden hier ebenso enttäuscht sein wie an der noch folgenden Heidemühle.

Die Wasserbüffel sind einer der Höhepunkte dieser Wanderung.
Man sieht sie gleich zu Beginn und am Ende der Tour

Kurz hinter der Ravensteiner Mühle folgen wir dem Schild des Naturlehrpfads, der rechts in die Wildnis und an einen versteckten kleinen See führt. Der VOGELHERD ❸ macht seinem Namen alle Ehre. Über 47 Brutvogelarten bauen hier ihre Nester. Zu sehen sind im Frühjahr bis in den Herbst hinein Schwäne, Graugänse und Enten – aber auch Grau- und Silberreiher, die sich in den weiten Flächen wohlfühlen, die sich gleich hinter dem See öffnen. Eisvögel, die es am See auf den Röhrichtinseln und bei den Korbweiden geben soll, sind leider selten zu sehen, dafür aber Teichhühner und Graureiher mit Jagdbeute im Schnabel. Wer bedachtsam und ruhig an den kleinen Schilfinseln entlangwandert, kann hier hervorragende Fotos von jagenden Vögeln schießen.

Wandern wir auf der rechten Seeseite entlang, also entgegen dem Uhrzeigersinn, kommen wir zu einer Totholzhecke. Entgegen ihrem

Die Weiden stehen ganz dicht an der Erpe,
sie lieben die Feuchtbiotope

Namen tummelt sich hier, bei warmem wie bei feuchtem Wetter, das Leben und mit etwas Glück kann man Eidechsen beim Sonnenbad entdecken. Auch ein zugewuchertes großes Schild des NABU weist auf das Leben in der Totholzhecke hin. Das Landschaftsschutzgebiet Erpetal öffnet sich hinter dem See zu einer großen Freifläche, deren Wiesen bislang fast jährlich über

Majestetische Höckerschwäne

schwemmt wurden. Ein kleiner Pfad führt uns hinunter zur Erpe. Hier laufen so einige Wiesenpfade entlang und führen zur Heidemühle, die man schon von Weitem erkennen kann. Doch am schönsten ist die Strecke unten direkt am plätschernden Wasser. Man kann hier linksseitig dem wilden Flusslauf so lange folgen, bis das Ufer ganz und gar mit Schilf und Röhricht zugewuchert ist.

WENN ZU WENIG REGEN FÄLLT, VERWANDELT SICH DER IDYLLISCHE SEE, DER SICH HAUPTSÄCHLICH VOM GRUNDWASSER SPEIST, SCHNELL IN EINEN MORASTIGEN TEICH. BEI NIEDRIGEN NIEDERSCHLAGSMENGEN KANN MAN HIER EINDRINGLICH AUF DAS HINGEWIESEN WERDEN, WAS DER KOMMENDE KLIMAWANDEL IM ERPETAL MIT SICH BRINGT. DOCH BEI REGEN FÜLLT SICH DER SEE AM VOGELHERD, DER AUS EINER KIESGRUBE ENTSTANDEN IST SO SCHNELL, ALS SEI ER EIN HIMMELSTEICH. SO WERDEN GEWÄSSER GENANNT, DIE NUR DIE WOLKEN FÜLLEN.

Wo es gar zu undurchdringlich wird, sucht man sich einen gangbaren Pfad weg vom Gewässer. Das private Gebäude der Heidemühle hat man dann schon fast direkt vor der Nase und kann es unmöglich ver

Echte Zaunwinde

fehlen. An der Mühle geht es links über eine kleine Brücke zu einer WANDERHÜTTE **4**. Eine große Schautafel zeigt hier weitere Möglichkeiten auf, die Wanderung entlang der Erpe zu verlängern. Denn wer möchte, kann der Erpe bis nach Hoppegarten folgen. Die Wanderung vom Hirschgarten zum Hoppegarten wäre insgesamt 11,5 Kilometer lang. Auch die weiß-blau-weiße Markierung des Europawegs E 11 ist hier zu sehen.

Unsere kleine Rundwanderung durchs Erpetal ist ein kindgerechter Schnupperkurs für alle Städter und Stadtbesucher, die nicht so weit hinauswollen und dennoch tief in die Natur eintauchen möchten. Wen allerdings der Ehrgeiz packt, der könnte auf dem hier ausgewiesenen Europäischen Fernwanderweg E 11 gern 4700 Kilometer weiterwandern: durch Brandenburg, Polen, Litauen, Lettland bis hinauf nach Tallinn.

Nach der Wanderhütte geht es auf der anderen Flussseite der Erpe entlang. Der Rückweg zur S-Bahn Hirschgarten oder – alternativ – zum Bahnhof Friedrichshagen ist gut zu finden. Schön, wie später auch der Fluss einem den Weg weist.

Seit einigen Jahren nutzen auch wieder Biber und Fischotter den gesamten Erpelauf. Glückliche können aber auch geschützte, seltene Pflanzenarten wie die Sumpfdotterblume, die Kuckuckslichtnelke und die Sumpfschwertlilie zu Gesicht bekommen. Ebenso in Berlin seltene Tiere wie Ringelnatter, Grasfrosch, Sumpfrohrsänger und Neuntöter. Gut zu wissen, dass diese Tiere hier in den Feuchtgebieten nun wieder zu den Hauptstadtbewohnern zählen und eine halbe Million Quadratmeter Wildnis in Berlin seit Jahrzehnten bewusst renaturiert werden.

Alles, was ihr wissen müsst

Rundtour: gemütliche Wanderung auch für Kinder ohne große Anforderungen // **nicht sehr kinderwagentauglich,** für sportliche Kinderwagen möglich

Markierung: im Erpetal blaue Markierung des Europawanderwegs E 11

Entfernung von: Berlin 0 Kilometer
ÖPNV: Berliner S-Bahnhof Hirschgarten (S3)
Auto: Anfahrt mit dem Auto nicht empfehlenswert, wenige Parkplätze am S-Bahnhof Hirschgarten

Einkehr: Goldmanns Feine Kost, Friedrichshagen, Am Goldmannpark 4, 12587 Berlin, www.goldmanns-feine-kost.de

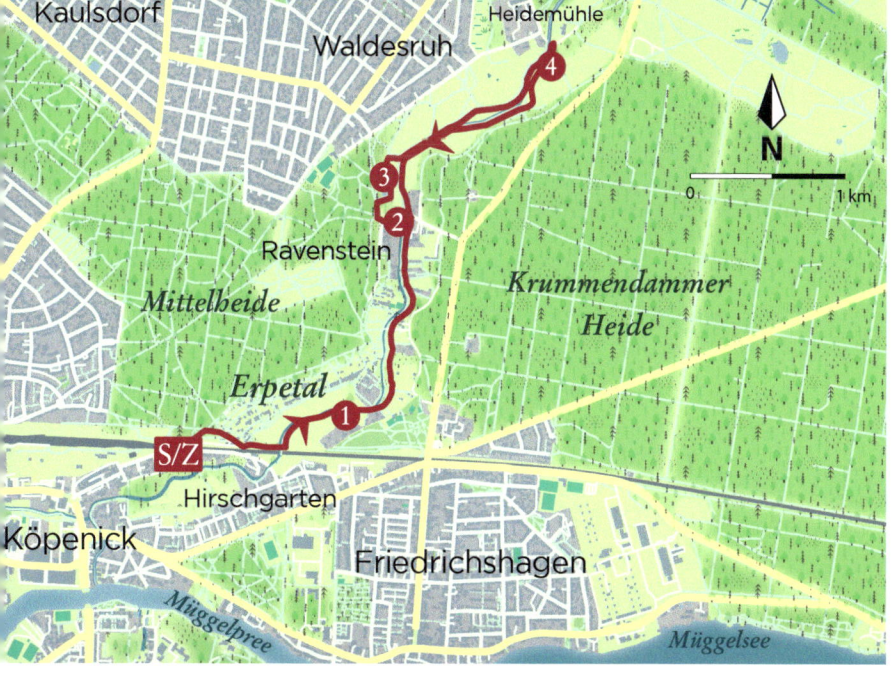

Von Petzow in die Glindower Alpen

Schwierigkeit: mittel // 8 Kilometer // 64 Höhenmeter
Für Familien mit Kindern geeignet

VOM SCHLOSS IN DEN URWALD:
SCHLUCHTEN, SEEN UND »GEBIRGE«

Es heißt ja, in Brandenburg gebe es für Wanderer nur Seen und Wälder. Von wegen! Das Bundesland hat sogar Berglandschaften im Angebot, und das auch noch unmittelbar vor den Toren Berlins. Zwar mag die Bezeichnung Glindower Alpen für wahre Bergwanderer wie eine maßlose Übertreibung klingen, doch die meisten Besucher kommen

GUTSPARK PETZOW

angesichts überraschender Steigungen bei dieser Tour vielleicht dann doch ein wenig ins Schwitzen und aus dem Staunen kaum heraus. Keine Sorge, die Anstiege und Abstiege unterwegs sind moderat und nicht sehr lang. Es geht auf dieser Wanderung in wilde Schluchten, auf verblüffende Anhöhen und durch urige Wälder. Zwar ist vieles, was man hier sieht, durch Lehmabbau und Menschenhand entstanden, doch das sieht man dieser urwaldhaften Landschaft heute kaum mehr an. Mit etwas Phantasie glaubt man sich angesichts der moosbewachsenen Fülle, der prächtigen Farne, der moorigen Teiche und leuchtendgrünen efeuberankten Wurzelsteige in Tasmanien oder auf der neuseeländischen Südinsel.

Wir starten unsere Tour in Petzow am Parkplatz an der Fercher Straße, nach deren Überquerung der von dichtem Schilf gesäumte, idyllische Haussee zu einem ersten Höhepunkt wird. Der Weg durch den Schlosspark Petzow zeigt, wie geschickt Peter Joseph Lenné die einstige Wildnis hier gezähmt und öfters ein gärtnerisches »Aha-Erlebnis« eingebaut hat. Wir gehen eine Steigung hoch und ahnen lange nicht, was uns dahinter erwartet. Auf der Anhöhe weitet sich dann plötzlich der Blick. Rechts liegt der schimmernde Haussee, links ein sehr schön aus Ziegeln gearbeitetes Dorfmuseum, ein ehemaliges Waschhaus mit Reetdach und fast russisch anmutenden

Am Glindower See

Holzschnitzereien, Zargen und Giebelverzierungen. Hinter einem weiteren Hügel erscheint das HERRENHAUS ❶ des Schlosses Petzow. Die Adelsfamilie der Kaehnes ließ es in einem verwegenen Mix aus maurischem Burgkastell und englischem Tudorstil von keinem Geringeren als Karl Friedrich Schinkel gestalten. Wer möchte, kann hinunter zum Bootssteg gehen und einen weiten Blick über den Schwielowsee genießen oder hinter dem Herrenhaus den Schlossgarten erkunden. Die Zelterstraße führt uns dann Richtung Grelleberg. Flugs erneut über die Fercher Straße und eine kleine Bergbesteigung bringt uns am alten Spritzenhaus vorbei zur ebenfalls von Schinkel gestalteten DORFKIRCHE ❷. Wer seine Klettermuskeln schon etwas vorwärmen möchte, sollte unbedingt den Kirchturm besteigen, der eine wunderbare Sicht auf die Petzower Seen bietet.

AUCH THEODOR FONTANE WAR SCHON OBEN UND FAND DER AUSBLICK SEI »... EIN LANDSCHAFTSBILD IM GROSSEN STIL, NICHT VON RELATIVER SCHÖNHEIT, SONDERN ABSOLUT.« NUN, WAS RELATIVE UND ABSOLUTE SCHÖNHEIT BETRIFFT, WERDEN WIR AUF DER EINSTEIN-WANDERUNG IN CAPUTH (SIEHE TOUR 3) NOCH EINGEHENDER BESPRECHEN. JETZT GEHT'S ERST EINMAL RICHTUNG BERGE.

Nach der Rückkehr zu unserem Startpunkt weist uns ein grünes Schild den Weg zu den Glindower Alpen. An Stand-up-Paddlern und Seglern in der schönen Grellebucht vorbei biegen wir nach Glindow ab. Hinter der Anlage Inselparadies geht es – rechts hinunter – zum Rüsterhorn, an dem wir, nach einer kurzen Wegstrecke, nach oben links in den Wald abbiegen. Ein Wegweiser kündigt es an: Bis zu den Alpen sind es nur noch 1,8 Kilometer.

Kaum sind die Berge angekündigt, wird es sofort steiler. Die Waldwanderung führt uns oben auf einem Hochrücken zu einer großen Feld-Lichtung. Falls hier einige Bäume im Weg liegen, solltet ihr euch nicht wundern: Im Naturschutzgebiet der Glindower Alpen bleibt das meiste Bruchholz liegen und muss somit umwandert werden. Im Urwald, der hier entsteht, dienen herumliegende Baumstämme oder Wurzelstöcke Säugetieren, Insekten, Vögeln, Amphibien und Pilzen als Lebensraum.

Schon bald wird es noch »urwaldiger«. Ihr lasst ein freies Feld links liegen und biegt hinter einem Wildbeobachtungs-Sitz rechts auf

*Hölzerne Brücken führen über die morastigen Stellen
in den Schluchten der Glindower Alpen*

einen plötzlich schroff abfallenden Waldpfad. Wandert ihr diesen fast zugewachsenen Pfad entlang, erscheinen mitten im Wald plötzlich Schienen, auf denen früher Lehm zu den Ziegelbrennöfen und zum nahen See transportiert wurde.

NATÜRLICH HAT AUCH DER WANDERFREUDIGE THEODOR FONTANE ÜBER UNSERE ALPEN EINIGE WORTE VERLOREN. ER SCHRIEB 1870: »DER LEHM IST SCHÖN UND LIEFERT EINEN GUTEN STEIN, ABER DOCH KEINEN STEIN ERSTEN RANGES. DIE HAUPTBEDEUTUNG DIESER LAGER IST IHRE MÄCHTIGKEIT, ANNÄHERND IHRE UNERSCHÖPFLICHKEIT. DABEI MAG ALS ETWAS ABSONDERLICHES HERVORGEHOBEN WERDEN, DASS SICH IN DIESEN LEHMLAGERN BERNSTEIN FINDET, UND ZWAR IN ERHEBLICHER MENGE. DIE MEISTEN STÜCKE SIND HASELNUSSGROSS UND SOMIT OHNE BESONDEREN WERT, ES FINDEN SICH ABER AUCH STÜCKE VON DER GRÖSSE EINER FAUST, DABEI SEHR SCHÖN, DIE BIS ZU FÜNFUNDZWANZIG TALER VERKAUFT WERDEN. WER SOLCH STÜCK FINDET, HAT EINEN FESTTAG.«

Bernsteine sucht man heute hier vergebens, doch Festtage kann man als Wanderer noch jederzeit erleben. Wir gehen auf den oberen Forstweg zurück, denn der Pfad zu den überwucherten und sehr versteckten Schienen endet in der völligen Wildnis.
Der Forstweg führt uns rechterhand zu einer verlassenen Datsche mit einer verrosteten Schaukel, an der die Glindower Alpen rechterhand sehr schroff abfallen. Wir gehen rechts ab, über eine kleine

Kuppe, sehen eine gelbe Eule, die den Alpenwald als Naturschutzgebiet ausweist, und folgen dem abfallenden Weg, der uns ins Herz
und zu den wildesten Stellen der Alpen bringt.

Um an die Tonschichten zu gelangen, mussten die Tonstecher früher
sehr tiefe Bodenschichten abräumen. Diesem Umstand verdanken
wir heute die bis zu 40 Meter tiefen, bewaldeten Schluchten. Bei
Nässe sollte man hier auf den hellen sandigen Böden auf jeden Fall
rutschfestes Schuhprofil besitzen. Denn nun geht es bald auf holz-
verstärkten Natur-Stufen ohne Geländer treppab und treppauf und
vorbei am HEXENPFUHL ③. An diesem Naturteich führt ein
kleiner Steg und eine Rundhölzertreppe euch wieder nach oben. Auf
halber Höhe gibt es an der mit Farnen bewachsenen Treppe eine
kleine Bank zur Rast mit tollem Blick in die Wildnis. Ein guter Ort
zum Waldbaden und um mal etwas durchzuatmen.

Urig bewachsenes Haus
in der Zelterstraße in Petzow

Turm des Ziegeleimuseums

Zugegebenermaßen sind die Glindower Alpen ein teils verwirrendes Urwald-Labyrinth aus wilden, nicht immer gut markierten Pfaden. Doch solltet ihr keine Angst haben, euch hier zu verirren. Denn eine weiß-rot-weiße Markierung (zum Beispiel am Hexenpfuhl) weist euch unweigerlich den richtigen, abfallenden Weg zur Alpenstraße und zum Ziegeleimuseum.

Ich liebe es, hier die kleinen Schluchten zu erkunden, unbekannte Wege zu erforschen, über von Moosen und Flechten überwucherte Bäume zu klettern und meine Orientierung zu schulen. Der nicht bewirtschaftete Mischwald aus Winterlinden, Spitz- und Bergahorn, Eschen, Rotbuchen, Robinien und Hainbuchen ist ein einziges großes, wildes Naturabenteuer. Vom Hexenpfuhl aus folgt ihr dem weiß-rot-weiß markierten Hauptpfad bis zu einer markanten Kaiserlinde. Der Weg wird danach breiter und führt euch garantiert aus dem Wald und hinunter zum ZIEGELEIMUSEUM 4 und dem Hoffmann'schen Ringofen. Von Weitem erkennt ihr dieses Ziel an einem leuchtturmartigen ehemaligen Aufseherturm.

Mehr als 1,6 Billionen Ziegel – das ist eine Zahl mit 12 Nullen – wurden einst rund um Berlin in 36 Ziegel-Brennereien gebrannt. Jeder, der aufmerksam durch Berlin geht, kennt all die markanten roten und gelbbraunen Ziegelbauten. Backsteine sind der Stoff aus dem Berliner Bauträume einst entstanden sind. Sei es das Rote Rathaus, die mächtige Matthäuskirche im Tiergarten oder die Backsteingotik der Siemenswerke. Ohne all die Tongruben und die Massenproduktion der Ringöfen wäre das rasante Wachstum der Weltstadt Berlin unmöglich gewesen.

Alles, was ihr wissen müsst

Rundtour: festes Schuhwerk und Trittsicherheit
sind in den Alpen erforderlich // **nicht kinderwagentauglich**

Markierung: Hinweisschilder am Wegesrand,
teils jedoch verwittert, weiß-rot-weiße Markierung
zur Alpenstraße und zum Ziegeleimuseum

Entfernung von: Berlin 55 Kilometer
ÖPNV: nicht empfehlenswert
Auto: kostenloser Parkplatz, Zum Lindentor 1,
14542 Werder/Petzow // **Tipp:** Ihr könnt eure Wanderung
auch direkt in Glindow starten. Am Alpenweg parken
und dort den Aufstieg beginnen

Einkehr: Fontane Klause,
Zellerstraße 2, 14542 Werder/Petzow

Einstein-Wanderung in Caputh

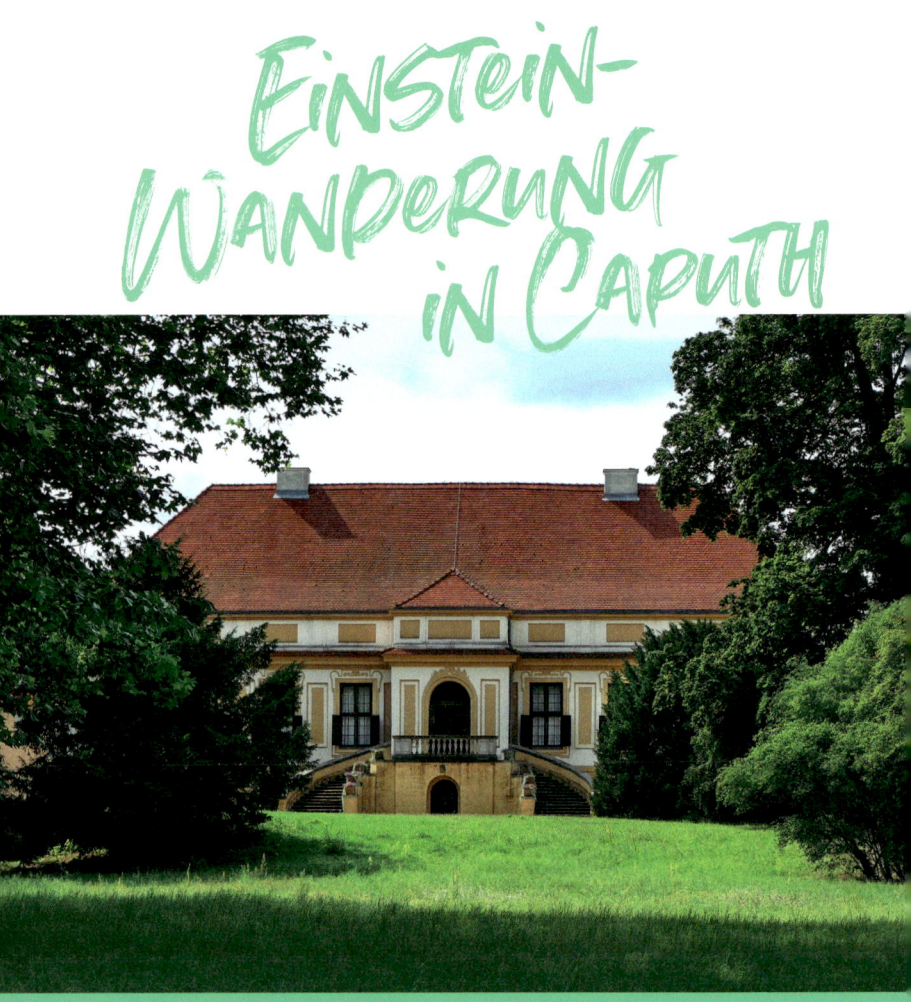

Schwierigkeit: mittel // 9 Kilometer // 70 Höhenmeter
Für Familien mit Kindern geeignet

EINSTEINS SOMMERIDYLL:
WIE WANDERN DEM DENKEN
AUF DIE SPRÜNGE HILFT

»Das Segelschiff, die Fernsicht, die einsamen Herbstspaziergänge, die relative Ruhe, es ist ein Paradies.« Auch wenn Albert Einstein mit diesen Zeilen im Jahr 1929 sein privates Sommeridyll in seinem neuen Wohnort Caputh nur als »relativ« ruhig beschreibt, dürfte das beschauliche Dorf am Schwielowsee doch um einiges geräuschloser gewesen sein als das laute und schrille Berlin der 20er Jahre.

Keine Frage, Einstein erholte sich hier vom hektischen Berliner Großstadtleben. Sein Segelboot, die »Tümmler«, hatten ihm Freunde in eben jenem Jahr 1929 zu seinem 50. Geburtstag geschenkt. Er hatte, schreibt seine Frau Else, einen eigenen Landungssteg am Garten. Doch Einstein war eben nicht nur passionierter Segler, sondern auch leidenschaftlicher Pilzsucher und durchstreifte die Kiefernwälder hinter seinem Sommerhaus oft stundenlang auf der Suche nach den geliebten Steinpilzen und Maronen-Röhrlingen. »Komm nach Caputh, pfeif auf die Welt«, schrieb er später an seinen Sohn Eduard. Ein Ruf, dem man auch als Besucher immer wieder gern nachkommt. Machen wir uns also auf den Weg nach Caputh. Von Berlin aus ist der Ort relativ nah. Empfehlung für den Rucksack: Badebekleidung und ein gutes Buch über Albert Einstein.

Besonders empfehlenswert ist die Seen-Fahrt mit der Weißen Flotte. Wir könnten also an der Langen Brücke am Potsdamer Hauptbahnhof mit dem Schiff loslegen und am Schiffsanleger Caputh Schloss von Bord gehen. Bereits während der Fahrt über den Templiner See sieht man von Weitem den Park und das SCHLOSS CAPUTH **❶**. Es ist der Startpunkt unserer Einstein-Wanderung. Wer über Land nach Caputh kommt, sollte den Rundgang ebenfalls am barocken Schlossgarten beginnen und hinunter zum Templiner See gehen, um durch die Segelboote in Einstein-Stimmung zu kommen.

»Beim Segeln, das er leidenschaftlich gern betrieb, hatte er keinen sportlichen Ehrgeiz«, sagte Max von Laue zu Einsteins liebster Freizeitbeschäftigung, und auch das Wandern wollte Einstein nie sportlich – sprich in flotterem Tempo angehen. Auch selten sinnfrei – sollten seine Wanderungen doch ertragreich sein, sprich: zu vollen Pilzkörben oder zumindest zu neuen Erkenntnissen führen. Mit Blick auf den See dürfen wir uns Einstein furchtlos in seinem Jollenkreuzer vorstellen, wie er Segel hisst und Taue und Leinen strafft – wohlbemerkt als Nichtschwimmer!

Drehen wir uns um und wenden wir uns dem Schloss zu, das seine Karriere 1671 als einfaches Landhaus begann. Es ist das älteste und einzige noch erhaltene Lustschloss des Großen Kurfürsten Friedrich Wilhelm. Lustschloss will heißen, hier geschah alles ganz und gar en privé – weit weg von Hofzeremoniell und Staatspflichten.

An einigen Stellen am Caputher See
eröffnet sich ein Blick auf die andere Seite

Vom Schloss sind es nur wenige Meter hinüber zum Bürgerhaus Caputh in dem die Ausstellung »Einsteins Sommeridyll« Einblicke in das Leben des Wissenschaftlers gibt. Im ersten Stock erfahrt ihr die kuriose Geschichte der Entstehung seines Sommerhauses, seht ein Modell seines geliebten Segelbootes, das die Nazis übrigens 1933

Die Dorfkirche in Caputh

als »Rennmotorboot« konfiszierten, und könnt einige von Einsteins Theorien zu Raum, Zeit und Schwerkraft als gehaltvollen geistigen Snack mit auf die Wanderung nehmen. Achtung: An einigen Theorien kann man sich die Zähne ausbeißen.

Draußen geht es vor der gegenüberliegenden DORFKIRCHE ❷ nach rechts in die Seestraße, der ihr bis ans Ende folgt. Die wenigen Minuten bis zum Caputher See nutzen wir, um den Wanderer und Gesundheitsfan Einstein ein wenig vorzustellen. Denn während Einstein in seinem späteren Leben fleischlos, fischlos und fettlos lebte, war ihm das gesunde Leben als junger Mann ein Graus.

EINSTEIN SCHRIEB MIT 34 JAHREN AN SEINE SPÄTERE FRAU ELSA: »ICH HABE MIR FEST VORGENOMMEN, MIT EINEM MINIMUM MEDIZINISCHER HILFE INS GRAS ZU BEISSEN, WENN MEIN STÜNDLEIN GEKOMMEN IST, BIS DAHIN ABER DRAUF LOS ZU SÜNDIGEN, WIE ES MIR MEINE RUCHLOSE SEELE EINGIBT. DIÄT: RAUCHEN WIE EIN SCHLOT, ARBEITEN WIE EIN ROSS, ESSEN OHNE ÜBERLEGUNG UND AUSWAHL, SPAZIERENGEHEN NUR IN WIRKLICH ANGENEHMER GESELLSCHAFT, ALSO LEIDER SELTEN, SCHLAFEN UNREGELMÄSSIG ETC.«

In Caputh allerdings kam dann doch genügend angenehme Gesellschaft zu Besuch ins Sommerhaus, unter anderem Käthe Kollwitz, Max Planck, Heinrich Mann und – als Bruder im Geiste – der indische Literaturnobelpreisträger Rabindranath Tagore. Wie Einstein war Tagore ein glühender Pazifist.

Am Caputher See angekommen, haltet ihr euch auf dem Weg einfach immer in Seenähe. Die Ufer sind allesamt naturbelassen mit einem Wald, der fast durchgehend direkt an den See heranreicht.

Bereits nach etwa 200 Metern erreicht ihr eine kleine schattige Badestelle. Sie ist mit Bänken ausgestattet, von denen ihr einen Blick bis auf die andere Seeseite genießen könnt.

Ich weiß zwar nicht, wie oft Einstein hier vorbeigekommen ist, aber sicherlich wird er diesen weiten Blick auf den See geliebt haben. Seinem Sohn schrieb er: »Geh recht viel spazieren, dass Du recht

Einsteins 1929 errichtetes Sommerhaus
am Rand eines ausgedehnten Waldgebietes

gesund wirst und lies nicht gar
zu viel sondern spar Dir noch
was auf bis Du gross bist.«
Doch für uns, die wir schon
groß sind, lohnt es sich, auf dieser Wanderung eine Biografie
über Einstein mitzunehmen,
sich dann an der idyllischen
Südseite des Sees auf eine Bank
zu setzen und zu staunen, was
man über diesen Menschen so
alles nicht weiß: von seiner Re-
bellion gegen das deutsche
Schulsystem oder dass er von

WALDWEG AM CAPUTHER See

der Schule flog, dann nach Mailand reiste, wo er fünf Jahre staaten-
los und ohne Ausweis lebte und tatsächlich auch einen neuartigen
Kühlschrank erfunden hat.

Einstein liebte die ruhigen, wildwaldigen Stellen des Sees besonders,
weil es hier Pilze und einen Schilfgürtel gab und er selten jemanden
getroffen hat. Schon damals tummelten sich die Menschen lieber an
den Badestellen des nahen Schwielowsees, und das tun sie auch heute noch. Das Schilf gibt es noch und – an der Südseite des Sees – auch
noch den wilden Wald mit seinen mangrovenartigen Wildwüchslern,
deren zahlreiche Wurzeltriebe wie Stelzen aus der Wasseroberfläche
ragen. Es gibt auch einen kleinen Steg, der über einen Zufluss führt,
der allerdings in den letzten Jahren leider immer öfter ausgetrock-
net und versumpft ist.

Wir umkreisen den See weiter im Uhrzeigersinn. An der Südseite
angekommen gibt es einen Wegweiser, der auf den 3,1 Kilometer
entfernten Großen Lienewitzsee hinweist. Auf dem See bilden kurz
darauf Seerosenblätter einen dichten bunten Naturteppich. Dann
führt der Weg etwas weg vom See – links erscheinen ein paar hübsche Holzhäuser, es geht kurz über Asphalt und dann scharf rechts

wieder in den Wald hinein. Knapp 500 Meter und ihr seid wieder ganz dicht am See. Hier auf der Westseite gibt es die SCHÖNSTE BADESTELLE ❸, mit einem kleinen Strand, viel Schatten und freiem Blick auf elegante Uferhäuser.

Nach der Badestelle führt uns der Weg zurück nach Caputh. Er trifft auf den Gertrud-Feiertag-Weg, der uns links zum Schmerberger Weg bringt. Rechtsherum kommt ihr an euren Ausgangspunkt zurück. Habt ihr die Dorfkirche im Blick, folgt ihr der Straße der Einheit und dann der Lindenstraße, die euch – gut beschildert – zu EINSTEINS SOMMERHAUS ❹ bringt.

EIGENTLICH WOLLTE DIE STADT BERLIN EINSTEIN ZU SEINEM 50. GEBURTSTAG EIN HAUS SCHENKEN. DOCH ER VERZICHTETE AUF DAS GESCHENK, FINANZIERTE SICH SEIN HOLZHAUS LIEBER SELBST UND LIESS ES VOM ARCHITEKTEN KONRAD WACHSMANN VERWIRKLICHEN. EINE FÜHRUNG DURCH DAS ZWEIGESCHOSSIGE HAUS SOLLTET IHR EUCH KEINESFALLS ENTGEHEN LASSEN.

Auf ein Telefon verzichtete die Familie Einstein übrigens. Wer die Einsteins dennoch erreichen wollte, musste bei einem Nachbarn anrufen. Dieser erhielt von Elsa Einstein und den beiden Töchtern eine kleine Trompete und einen Signalplan.

Für jedes Familienmitglied wurde eine Tonfolge festgelegt. »Einmal lang und laut«, lautete das Signal für Albert Einstein und der pilzsuchende wandernde Wissenschaftler wird dieses Signal im Wald sicher auch gut gehört haben.

ALLES, WAS IHR WISSEN MÜSST

Rundtour: gemütlicher Spaziergang
auf teils unbefestigtem Untergrund //
kinderwagentauglich

Markierung: nicht einheitlich,
besser Text oder GPS nutzen

Entfernung von: Berlin 50 Kilometer
ÖPNV: Bus 607 von Potsdam Hauptbahnhof
bis Caputh Schloss // **Tipp:** Anreise nach Caputh
mit der Weißen Flotte
Auto: Parkplatz, Schiffsanlegestelle Caputh,
14548 Schwielowsee

Einkehr: Kavalierhaus, Lindenstraße 60,
14548 Schwielowsee, kavalierhaus-caputh.de

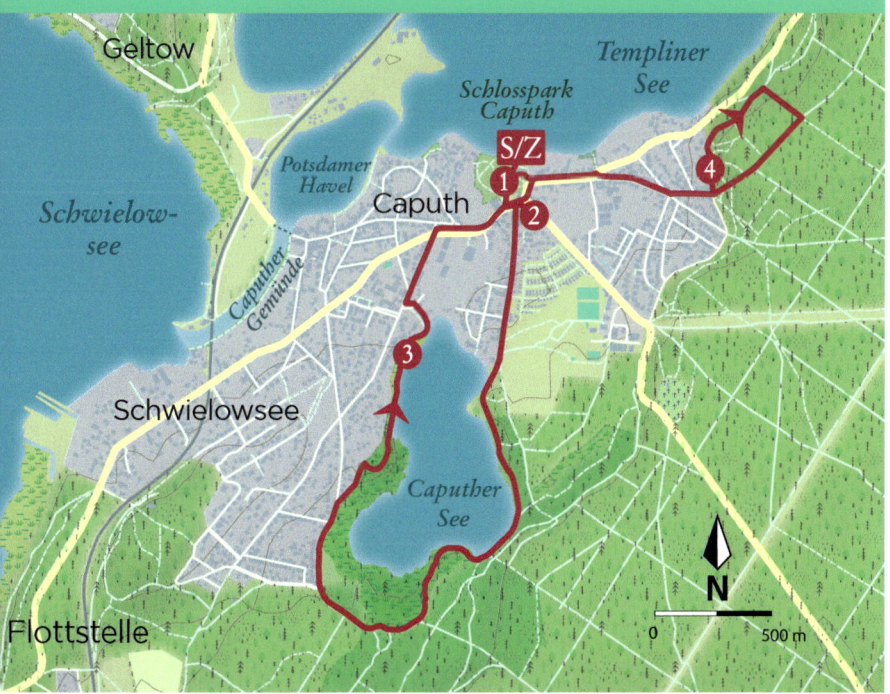

WERDER AN DER HAVEL

Schwierigkeit: mittel // 12 Kilometer // 63 Höhenmeter
Für Familien mit Kindern geeignet

WEINBAU AUF 53 GRAD 22 MINUTEN
NÖRDLICHER BREITE

»Wahrheit lernt sich unterwegs oder nie«, heißt es in einer Biografie über Christian Morgenstern. Wie passend, denn tatsächlich war das Leben dieses Poeten und Tausendsassas eine permanente Wanderschaft. »Mein Wohnungsideal ist das Zelt«, schrieb er 1905 und nennt sich im gleichen Atemzug einen ewigen Nomaden. Der Dichter Morgenstern wird uns auf dieser

ROSEN & WEIN AM WACHTELBERG

Tour noch begegnen. Einer Wanderung, die euch auch zu einem der nördlichsten Weinberge der Welt führen wird. Denn wenn Wahrheit sich unterwegs lernt, wie Morgenstern sagt, dann passt auch ein guter Wein dazu: in vino veritas!

Den vorzüglichen Wein in Werder mag man kennen, das bekannte Baumblütenfest und seine Obstweine natürlich auch. Weniger bekannt aber ist die Werderaner Tradition des Bierbrauens. So treffen wir uns also zum Start dieser Tour am Alten Brauhaus nahe der Altstadt unter den Linden. Das Kuriose an diesem Treffpunkt: Im Alten Brauhaus, diesem monumentalen aus der Gründerzeit stammenden roten Ziegelbau, wurde niemals Bier gebraut. Weder nach seiner Entstehung 1887 noch heute. Im Brauhaus wurde das Bier nur gekühlt und gelagert. Seine roten Ziegel erinnern einige von euch sicher an unsere Wanderung durch die Glindower Alpen und zum dortigen Hoffmann'schen Ringofen.

In Werder war man immer schon ziemlich gut darin, Geld zu verdienen. Zur Gründerzeit ab 1871 hießen die Exportschlager der Werderaner Obst, Ziegelsteine und Bier. Einst gab es vier Brauereien in der Stadt und bis zu sieben Millionen Liter Bier wurden exportiert. Nur wenige Schritte sind es vom Brauhaus auf die eindrucksvolle Inselbrücke, die uns über die Föhse, einen schmalen Havelarm, hi-

nüber zur Inselstadt bringt. Kein Wunder, dass es auf der Brücke mitunter eng werden kann. Sie ist einer der beliebtesten Foto-Spots Brandenburgs. Den Blick übers Schilf und Wasser hinüber zur markanten Silhouette der BOCKWINDMÜHLE ❶ nennen die Werderaner auch gern ihr Havelwunder. Besonders eindrucksvoll ist diese Kulisse bei strahlendem Sonnenschein und Obstbäumen in voller Blüte. Wenn beim jährlichen Baumblütenfest dann auch noch ein Drachenbootrennen hinzukommt, weiß man gar nicht mehr, wo man zuerst hinschauen soll. Wir haben zwar noch eine Wanderung mit einigen kleinen Anstiegen vor uns, doch verständlich, wenn ihr euch rechts an der Havelpromenade (Mühlenberg) und an der Mühle erst einmal so richtig sattsehen wollt. Früher gab es übrigens drei Mühlen auf der Werder-Insel. Die jetzige ist nur ein baugleicher Ersatz für das im Jahr 1973 abgebrannte Original.

Wieder zurück über die Brücke, dann geradeaus zur Eisenbahnstraße und von dort links den Hohen Weg hinauf kommt ihr oben zur Bismarckhöhe und zum überraschenden und weltweit einzigen CHRISTIAN-MORGENSTERN-MUSEUM ❷.

»ES WAR EINMAL EIN LATTENZAUN,
MIT ZWISCHENRAUM, HINDURCHZUSCHAUN.
EIN ARCHITEKT, DER DIESES SAH,
STAND EINES ABENDS PLÖTZLICH DA –
UND NAHM DEN ZWISCHENRAUM HERAUS
UND BAUTE DRAUS EIN GROSSES HAUS.
DER ZAUN INDESSEN STAND GANZ DUMM,
MIT LATTEN OHNE WAS HERUM ...«

Diesen Anfang eines sprachkomischen Morgenstern-Gedichts kennen vielleicht einige von euch. Es stellt sich nun die Frage: Was brachte den Weltenwanderer Morgenstern ausgerechnet nach Werder? Die heutige Bismarckhöhe hieß früher Galgenberg, benannt nach dem mittelalterlichen Galgen, der einst dort stand. Bereits seit dem 16. Jahrhundert, als Werder offiziell noch Städtlein hieß, wurde hier oben Wein angebaut. In der einstigen Höhengaststätte Zum Galgenberg wurden die guten Tropfen ausgeschenkt und hier traf sich 1895 Christian Morgenstern mit fünf Freunden, um den geheimen Bund der Galgenbrüder zu gründen. Eine der wichtigsten Vereinigungen deutscher Dichtung; schließlich wurden die »Galgenlieder« später weltberühmt.

Ein Besuch des Literaturmuseums, diesem mit wahrhaft grandiosem Weitblick ausgestatteten Leuchtturm unter den literarischen Pilgerorten, sollte man sich nicht entgehen lassen. Denn die Originale,

Der Stamm der imposanten Salweide am Ufer des Großen
Plessower Sees wurde einst vom Blitz gespalten

Weintiene am Wachtelberg

Bilder und Kunst-Objekte des dichtenden Weltenbummlers, die hier zusammengetragen wurden, sind einmalig. Zudem ist das Gebäude im Stile einer oberitalienischen Renaissance-Villa mit seinem Turm und seiner großen Panoramaterrasse ein echter Hingucker.

Wir hätten sicher alle gern gesehen, wie früher betrunkene Gäste, unweit von hier, am Gasthaus Friedrichshöhe, über eine steile Rutsche nach unten befördert wurden. Die Sportlichen unter euch können die 183 steilen Stufen dort ja einmal hinunter- und hinauflaufen.

NOCH EIN BONMOT MORGENSTERNS
FÜR DEN WEITEREN WEG:
»MAN SOLL SEIN KRANKES NIERENBECKEN
NICHT MIT ZU KALTEN BIEREN NECKEN.
AUCH SOLLTE MAN BEI MAGENLEIDEN
DEN WEIN AUS SAUREN LAGEN MEIDEN.«

Was der Dichter zum Werder'schen Baumblütenfest gesagt hat, ist leider nicht überliefert. Aber wir befinden uns auf dem Galgenberg genau am richtigen Ort, um die berühmten Obsthöfe zu würdigen, die zur traditionellen Baumblüte Ende April/Anfang Mai, mit ihren Schlehen-, Quitten-, und Kirschweinen die Besucher beglücken. Abseits vom Rummel feiert man hier am schönsten in den sogenannten Schuffelgärten.

Ihr geht wieder zurück auf den Hohen Weg und biegt links ab, bis ihr auf die Hagenstraße trefft. Wieder links kommt ihr auf die Kem-

nitzer Chaussee und erneut links zweigt dann bald die Gertrauden-
straße ab, die euch geradewegs zum Großen Plessower See bringt.
Geht am Ufer rechts entlang und nach 300 Metern erreicht ihr eine
traumhafte BADESTELLE  samt Liegewiese. Noch weiter nördlich gibt es einen weiteren, noch ruhigeren Strand. Also kurz erfri-
schen und dann wieder zurück, immer geradeaus, bis ihr an eine
zauberhafte, von einem Blitz gespaltene Salweide kommt. An diesem
Überlebenskünstler vorbei und kurz danach links ab durch die kleinen dunkelgrünen eisernen Absperrgitter kommt ihr vom See an die
Straße namens »Am Plessower See«.
Ihr geht nun rechts lang, überquert die Margaretenstraße und gelangt
in den Stadtwald. Einst war dieser Wald Abbaugebiet für Tonerde.
Nach der Stilllegung und dem Ende des Ziegel-Booms um 1900 gab
es hier immer wieder Sandstürme, die in Richtung Werder wehten.

*Die über 100jährige Wachtelburg auf dem Wachtelberg
ist heute Jugendzentrum und Begegnungsstätte*

KUNST AM WALDESRAND

Also forstete man die Gruben tüchtig auf. Ihr werdet sehen, wie abschüssig das Gelände im Stadtwald ist. Haltet euch links und ihr kommt zu einer ehemaligen Lehmgrube, die sich heute in einen Zen-Teich verwandelt hat. Kurz danach folgt eine Gedenkstätte für die Opfer des Ersten Weltkriegs mit 25 Findlingen und einer Lebenslinde.

Aus dem Stadtwald geht es links ab in den Elsebruchweg und gleich wieder rechts in den Friedhofsweg, der uns bis zur Brandenburger Straße führt. Links runter seht ihr bald schon ein grünes Schild WACHTELBERG ❹. Ab dort ist alles gut ausgeschildert und der Weinberg über die Kölner Straße problemlos zu erreichen.

Von wegen in Brandenburg gibt es keine Berge. Wie ihr sehen werdet, hatte die Eiszeit für die Werderaner durchaus nur Gutes im Sinn. Neben den Seen wurde auch der 60 Meter hohe Wachtelberg von dieser Zeit geprägt. Bevor ihr es euch in der Straußwirtschaft Weintiene gemütlich macht, solltet ihr noch einen Spaziergang zum Aussichtsturm in Angriff nehmen, von dem ihr das ganze Landschaftspanorama samt Weinberg, Havel, Werderinsel und Schwielowsee im Blick habt. Ein schöner kleiner Rundweg führt euch auch durch den Weinberg.

Der Weinbau hier liegt nördlich des Weinbaupolarkreises (52 Grad nördliche Breite) und ist damit weltweit rekordverdächtig weit im Norden. Der Weg zur Werderinsel ist leicht: Der Wachtwinkel und die Potsdamer Straße führen euch zurück zum Ausgangspunkt. Kurz davor könnt ihr noch einmal die Panoramasicht genießen.

Alles, was ihr wissen müsst

Rundtour: auf teils unbefestigtem Untergrund //
kinderwagentauglich // An warmem Tagen Badesachen
nicht vergessen!

Markierung: nicht einheitlich, besser Text oder GPS nutzen

Entfernung von: Berlin 48 Kilometer
ÖPNV: Regionalexpress RE1 nach Werder,
Bus 631, 641 zur Haltestelle Post
Auto: Großer Parkplatz in der Nähe der Inselbrücke,
Bernhard-Kellermann-Straße 15, 14542 Werder (Havel)

Einkehr: Straußwirtschaft Weintiene,
Wachtelwinkel 30, 14542 Werder,
weinbau-lindicke.de/strausswirtschaft-weintiene

Die SAHARA bei BuGK

Schwierigkeit: leicht // 3,5 Kilometer // 58 Höhenmeter

Für Familien mit Kindern geeignet

WO TROCKEN UND NASS
SICH BEGEGNEN

Zuerst, glaubt man an einen Werbegag der Tourismusbranche. Da soll es in Brandenburg tatsächlich eine Sahara geben, die man seit 2018 auf einem eigenen Rundwanderweg namens »Bugk und seine Sahara« erkunden kann? Klar, es gibt eine Sächsische und Märkische Schweiz. Ein paar Dünen in den Niederlanden bei Vliehors hat man lustigerweise Niederländische Sahara genannt.

Eisenfarbiger Samtfalter

Warum sollte man also nicht auch die brandenburgische Kienheide als Sahara vermarkten? Doch stellen sich die Fragen: Wie spannend ist diese Sahara und wo, bitte schön, liegt diese Kienheide?

Eins ist klar: Sand gibt es in Brandenburg genug. Wie spannend Trockengebiete sein können, lässt sich tatsächlich bei einer Wanderung durch die Sahara bei Bugk erfahren. Denn sie ist weitaus mehr als nur ein nährstoffarmes Sandgebiet inklusive Lehmhügel mit schöner Aussicht. Hinter diesem interessanten und neuartigen Wanderangebot verbirgt sich letztlich ein ambitioniertes Renaturierungsprojekt.

Wer seine erste Wanderung auf dem nur knapp 4 Kilometer langen Naturlehrpfad macht, kommt aus dem Staunen kaum heraus. Das Rundlingsdorf Bugk ist sehr idyllisch und die Bugker Sahara erweist sich als lebendiger, als man glaubt. Ihr wandert durch einen traumhaft schönen Märchenwald voller Silbergras und knorriger Kiefern und zum überraschend ruhigen Großen Wucksee. Eine ideale Kurz-Wanderung für Familien mit Kindern, die man für Märchenwälder, Sandveilchen und Dünensandlaufkäfer begeistern kann. Und dann gibt es ja auch noch den schönen See und die Sahara als Argument. Ausgangs- und Endpunkt unserer Wanderung im kugelrund konzipierten Ort Bugk ist eine wuchtige, auf einer kleinen Anhöhe auf dem Dorfplatz stehende über 200 Jahre alte Stieleiche. Bei näherer

Betrachtung erkennt man den knorzigen, fast märchenhaften Charakter dieses Baumes, der Eulen oder Eichhörnchen zwei große natürliche Nist- und Schutzhöhlen bietet. Tatsächlich weist eine kleine Plakette mit Eule den Baum dann auch als Naturdenkmal aus. Unweit der Eiche wird mit einem Denkmal auch der gefallenen und vermissten Soldaten des Zweiten Weltkrieges gedacht.

DAS DORF BUGK IST EIN ORTSTEIL DER STADT STORKOW UND TAUCHT ERSTMALS 1416 IN EINER URKUNDE AUF. DER ORTSNAME BUGK STAMMT AUS DEM NIEDERSORBISCHEN UND VERWEIST, WIE MAN SICH DENKEN KANN AUF DIE BUCHE. AUF EINER GROSSEN SCHAUTAFEL AM DORFPLATZ IST AUF EINEM SATELLITENBILD ZU SEHEN, WIE KUGELRUND DAS DORF VON OBEN AUSSIEHT. DER RUNDLING IST EINE SIEDLUNGSFORM, DIE VOR ALLEM IM 12. JAHRHUNDERT, ALSO WÄHREND DER SLAWISCHEN ZEIT, SEHR BELIEBT WAR.

Kurz nach dem Dorfplatz kommen wir auf dieser Tour an der Freiwilligen Feuerwehr Bugk (gegründet 1928) vorbei und halten uns dann rechts. An der Bugker Dorfstraße ist der Rundwanderweg mit gelbem Kreis auf weißem Grund ausgeschildert. Nur 2,8 Kilometer – und schon sind wir mitten in der Sahara.

Ein aussagekräftiges Schild wendet sich auf unserer Strecke warnend an die Autofahrer: »Bitte schrittfahren. Staubentwicklung!« Etwas verwunderlich, denn nirgendwo sieht man hier eine Sand- oder Staubpiste. Vielleicht ist das Schild ja ein dezenter Hinweis auf die baldigen sandigen Freuden, die einen in der Sahara erwarten.

Unser nächster Haltepunkt, der GLIENITZBERG ❶, wurde während der Vergletscherung der vorletzten Eiszeit – also vor etwa 300.000 Jahren – als Endmoräne aufgetürmt. Lange Zeit wurde er von Menschenhand ausgehöhlt und zum Lehmabbau genutzt, was man seinem »Krater« heute noch ansieht. Auf den nach Süden weisenden Hängen des Berges ist es im Sommer besonders heiß und trocken. Obwohl solche Bedingungen eigentlich als lebensfeindlich gelten, gibt es Tiere, die genau solche Lebensräume lieben. Beispielsweise Zauneidechsen, Dünensandlaufkäfer, die Sandgänger-Biene oder die Schlingnatter. Auch die mittlerweile seltene Gemeine Schornsteinwespe liebt genau solche heißen sandigen Flächen. Der Glienitzberg, der während der sogenannten Saale-Eiszeit als Stauchendmoräne aufgeschoben wurde, ist neuerdings auch Heimat von Sandspezialisten, wie dem Sand-Thymian, der Wein-Rose, dem Sand-

Die knorrigen, wilden Kiefern des Märchenwaldes wurden nicht gepflanzt, sondern haben sich selbst durch Samenflug vermehrt

Die SAHARA in BRANDENBURG

Veilchen, der Sand-Grasnelke und der Sand-Strohblume.

Um in die Sahara zu gelangen, kehrt ihr um und geht, nach diesem kleinen Ausflug an den Glienitzberg, etwa 200 Meter zurück auf den weiterführenden Weg des Naturlehrpfads. Die ausgeschilderten Hinweise – gelber Punkt auf weißem Feld – führen euch unweigerlich rechts Richtung SAHARA ❷. Die ist nicht zu verfehlen und schon an ihrem typisch sandigen Erscheinungsbild von Weitem linksseitig zu erkennen.

2012 hat man zum Schutz der bedrohten Sandrasenflächen die Kiefern im Naturschutzgebiet Kienheide aufgelichtet, die Wurzeln und Gehölze entfernt und den Mineralboden freigelegt. Schafe weiden nun zweimal im Jahr hier, um das neuerliche Überwuchern zu verhindern. Denn nur durch die intensive Arbeit der Naturwacht, des Naturparks und eines EU-LIFE-Projekts konnten solch seltene Arten wie das Berg-Sandglöckchen und der Ameisenlöwe wieder in die Sahara zurückkehren. Der Ameisenlöwe ist übrigens – aufgepasst Kinder – niemand, vor dem ihr euch fürchten müsst. Ameisen aber sollten sich fürchten, denn die fängt dieses räuberische Insekt mit einem selbst gebauten Trichter im Sand.

MARKANTE ALTKIEFERN LIESS MAN BEIM TROCKEN-SANDPROJEKT ZWAR STEHEN, WIE IHR AUF DER TOUR SEHEN KÖNNT, ABER DER FOKUS DIESER BESONDEREN RENATURIERUNG LIEGT EINDEUTIG DARIN, WÄRME- UND LICHTLIEBENDEN TIEREN UND PFLANZEN WIEDER EINE CHANCE ZU GEBEN. TROCKENLEBENSRAUM NENNT SICH DIESES FREILUFT-VERSUCHSLABORATORIUM.

Die Artenvielfalt, vor allem die der Insekten, hat übrigens dazu geführt, dass auch vermehrt wieder Wald- und Feldvögel in die Kienheide zurückkehren. Wundert euch also nicht, wenn ausgerechnet über der Brandenburger Sahara wieder Seeadler kreisen oder man am Glienitzberg auf Uferschwalben und im Märchenwald auf Goldammern trifft. Bevor wir aber in jenen spektakulären Märchenwald kommen, taucht zuerst einmal der GROSSE WUCKSEE ❸ vor uns auf. Idyllisch und ruhig liegt er hier inmitten eines Waldgebiets. Meist ist hier keine Menschenseele zu sehen, auch Angler trifft man am Wucksee nicht an. Zander, Aale, Brassen und Hechte sind, so scheint es, hier ganz ungestört. Warum das so ist, sagt uns ein Hinweisschild. Ein erster kleiner Dämpfer dieser Tour. »Privatgewässer« ist auf dem Schild zu lesen. Die Benutzung des Sees sei, so steht da, mit dem Eigentümer abzusprechen. In Bugk heißt es, der 23 Hektar große See sei nach der

Der Große Wucksee gehört zu den
saubersten Gewässern Brandenburgs

FREIWILLIGE FEUERWEHR BUGK

Wende an eine Privatperson verkauft worden. Wer baden möchte, muss sich vorher die Erlaubnis dazu einholen. Auf keinen Fall aber sollte Sonnenschutzmittel ins Wasser gelangen. Eine erste Enttäuschung über die entgangene Bademöglichkeit weicht nach einiger Zeit einer Freude über die Ruhe, die man an diesem See genießen kann. Spiegelglatt liegt er da. Eine ganze Weile geht es direkt am See entlang – und mal ehrlich – ist es nicht schön, dass kaum jemand dieses Wässerchen trüben kann? Der große Wucksee gehört zu den saubersten und klarsten Gewässern Brandenburgs.

Nach einer großen Linkskurve führt der Weg dann in den MÄRCHENWALD **4**. Einer der seltenen Kiefernwälder, die nicht durch Aufforstung, sondern vor etwa 120 Jahren auf natürliche Weise durch Samenflug entstanden sind. Zwischen den teils kuriosen knorzigen Bäumen schimmern auf den Sandflächen bunte Moose, Flechten und das Silbergras um die Wette. Wie im Märchen fühlt man sich dann tatsächlich, insbesondere, wenn man einen lustigen Vogel mit wilder Federhaube, den schönen Wiedehopf entdeckt, der ruhig und entspannt mitten in der staubtrockenen Sahara sitzt und dieses Insektenparadies zu genießen scheint.

Tipp: *GEFÜHRTE WANDERUNGEN*

Das LIFE-Projekt trockene und kalkreiche Sandrasen ist auch immer wieder Thema von geführten Wanderungen durch den Naturpark Bugker Sahara, auf denen auch die sehr besonderen Tier- und Pflanzenarten und der Wotzensee im Fokus stehen. So z.B. die Ameisenlöwen, die Sandlaufkäfer, das Silbergras und das Isländische Moos. Veranstalter ist der Naturpark Dahme-Heideseen. (Adresse siehe rechts).

Alles, was ihr wissen müsst

Rundtour: gemütliche Wanderung auf teils unbefestigtem Untergrund // **kinderwagentauglich**

Markierung: gelber Punkt auf weißem Grund

Entfernung von: Berlin 74 Kilometer
ÖPNV: nicht empfehlenswert
Auto: Wanderparkplatz direkt am zentralen Dorfplatz, Bugker Dorfstraße 29a, 15859 Bugk/Storkow

Einkehr: **Restaurant Storchenklause,** Rudolf-Breitscheid-Straße 73, 15859 Storkow (Mark), auch Pension (Bett & Bike) // Veranstalter Führungen: **Naturpark Dahme-Heideseen,** Arnold-Breithor-Straße 8, 15754 Heidesee, OT Prieros, Tel. 033768 969 0

NATURPARK NIEDERLAUSITZER HEIDELANDSCHAFT

Schwierigkeit: leicht // 15 Kilometer // 146 Höhenmeter
Für Familien mit Kindern geeignet

LÄMMER GUCKEN – BLÄULINGE SUCHEN –
HIRSCHKÄFER FINDEN

Wer von euch das purpurprächtige Naturschauspiel der Heideblüte erleben möchte, muss dazu nicht in die Lüneburger Heide fahren. Im Süden Brandenburgs, im Naturschutzgebiet Forsthaus Prösa ist das Farbspektakel von Millionen lila Blüten genauso überwältigend. Versprochen. Die Bilder des Blütenteppichs, die ihr hier seht, sind nicht künstlich bearbeitet. Alles echt. Eine Heideland

HOLZSKULPTUR WALDGEIST

schaft wie im Bilderbuch: Wie nennt man all diese Farben? Indigoviolett bis Kardinalpurpur vielleicht. Lilarosa würde es aber auch sehr gut treffen, dazwischen dann immer wieder das schimmernde silbrige Weiß der Birken. Die beste Zeit, um dieses Spektakel zu erleben, sind die Monate August und September. Allerdings hat die Blütezeit der Besenheide seit zwei Jahren bereits in den letzten Juli-Tagen begonnen. Auch hier macht sich der Klimawandel bemerkbar.

Die Heide braucht beides, Regen und Sonne, um gut auszutreiben. Erste Prognosen über die Heideblüte lassen sich bereits im Juni abgeben. Die Naturwacht (naturpark-nlh.de) kann euch nähere Auskünfte zur Blütezeit der Niederlausitzer Heide geben.

Unsere Wanderung beginnt am WALDPARKPLATZ KRAUPA **1**. Neben einigen Infotafeln und dem violetten Wegweiser Richtung Heide (1 km), seht ihr hier auch eine geschnitzte Holzfigur. Weitere schöne Holzskulpturen, die allesamt vom Kettensägenschnitzer Roland Karl stammen und einen Jäger und Schäfer in der Heidelandschaft zeigen, sind auf unserem Wanderweg später noch zu sehen. Der bis zum Parkplatz gepflasterte Weg geht bald in einen sandigen, aber festen Weg über, der euch bereits nach einer Viertelstunde Fußweg mitten in die Heide bringt.

Naturfreunde und Entdecker kommen hier voll auf ihre Kosten. Es lohnt sich, dem ausgeschilderten Pfad rechts in die sanften Hügel zu folgen. Wenn die Blüten der Heide in voller Pracht leuchten und ihr Nektar Hummeln und Schmetterlinge anzieht, könnte auch der zauberhafte Bläuling nicht weit sein.

HEIDEBLÄULING WIRD DER ZARTBLAU SCHIMMERNDE FALTER GENANNT, DER FEENGLEICH VON HEIDEBLÜTE ZU HEIDEBLÜTE FLATTERT. ER TRÄGT AUCH DIE NAMEN ARGUS-BLÄULING UND GEISSKLEE-BLÄULING. DIE STARK GEFÄHRDETE SCHMETTERLINGSART IST TYPISCHERWEISE IN SANDHEIDEGEBIETEN ANZUTREFFEN.
MIT BESTIMMTEN AMEISEN LEBT DER HEIDEBLÄULING SYMBIOTISCH ZUSAMMEN. IHRE SCHMETTERLINGSRAUPEN SONDERN EIN SÜSSES SEKRET AB, DAS DIE AMEISEN SAMMELN UND IM GEGENZUG DIE RAUPEN BESCHÜTZEN. DIE VERPUPPUNG ZUM SCHMETTERLING FINDET SOGAR MITTEN IM AMEISENNEST STATT.

Zauberhaft sind natürlich außer den zarten Bläulingen auch die wundersamen und seltenen Hirschkäfer und natürlich die knorrigen Kiefern und silbern schimmernden Birken, die in der Sonne mit dem Heidekraut um die Wette funkeln. Anschließend geht es auf den THURMBERG 2, der auf dem Heiderundweg ausgeschildert ist. Der 134 Meter hohe Berg ist eigentlich nur ein Bergchen, kostet euch also nicht allzu viele Kalorien. In alten Urkunden aus dem Jahr 1534 wird er noch als Frauenberg bezeichnet. Doch Thurmberg trifft es

ganz gut, da es hier im Mittelalter einmal einen Wächterturm und zu DDR-Zeiten auch einen militärischen Beobachtungsturm gab.

Apropos Militär: Schwerter zu Pflugscharen, das bekannte Zitat der Friedensbewegung, könnte im Naturschutzgebiet Forsthaus Prösa durchaus heißen: Truppenübungsplätze zu Heidelandschaften. Wo früher Traubeneichenwälder abgeholzt wurden, um Platz für Schieß-plätze und Militäranlagen zu schaffen, leuchtet heute das Heidekraut und grasen friedlich die Lämmer. Wo früher Panzerwege verliefen und die Wälder zum Schutz vor westlicher Spionage für die Bevölkerung gesperrt waren, wandern wir heute entspannt und hoffen auf Hirschkäfer.

Schafe und ihre Lämmer werdet ihr während der Blütezeit der Heide vielleicht selten sehen. Es lohnt sich also durchaus, auch in den Monaten Mai bis August ins Naturschutzgebiet zu kommen, um dem

Die ehemalige Braunkohle-, Quarzsand- und Kiesgrube Gotthold

Schäfer und seinen tierischen Land-
schaftspflegern bei ihrer Arbeit
über die Schulter zu schauen.

Heide-Highlight: Auerhahn

*DURCH DIE NATÜRLICHE
WIEDERBEWALDUNG
MIT KIEFERN UND BIRKEN
WÜRDE DIE HEIDELAND-
SCHAFT VERBUSCHEN.
DURCH DIE BEWEIDUNG
DER SCHAFE WIRD DAS
ÜBERWACHSEN DER HEIDE
MIT GEHÖLZEN VERHINDERT. DIE SO OFFEN
GEHALTENEN HEIDEFLÄCHEN BIETEN AUCH
GESCHÜTZTEN VOGELARTEN EINEN WICHTIGEN
LEBENSRAUM. NEHMT EIN FERNGLAS MIT, DENN
IM NATURSCHUTZPARK FORSTHAUS PRÖSA KÖNNT IHR
NEBEN HEIDELERCHEN NOCH DEN ZIEGENMELKER
UND DEN VOGEL DES JAHRES 2022, DEN WIEDEHOPF,
ERLEBEN. AUCH DIE WIEDERANSIEDLUNG DES EINST
HIER HEIMISCHEN AUERHUHNS SCHEINT ERFOLG
VERSPRECHEND ZU VERLAUFEN. DAUMEN DRÜCKEN!*

Die zunehmenden Dürreperioden der letzten Jahre machen in der
Heidelandschaft vor allem den Insekten schwer zu schaffen. Wenn
die Besenheide nur eine Notblüte ohne Nektar austreibt, berichtet
ein Schäfer, wird man nicht nur immer seltener Schmetterlinge und
Hummeln sehen, auch die Bienen und die Imker werden leiden.
Noch aber finden die Bienenvölker auf dem lila blühenden Heide-
teppich genügend Nektar.
Von der Heide rund um den Thurmberg geht es auf unserer Wanderung rechts nun in südlicher Richtung. Wir folgen der Ausschilderung nach Kraupa und Hohenleipisch für etwa 2 Kilometer, bevor

es dann nach links durch den Wald zur GRUBE GOTTHOLD ③ geht. Der Abzweig zur ehemaligen Bergbaugrube ist ausgeschildert. Der idyllische See, in dem sich die Bäume spiegeln und die weißen, teils skurril geformten, verkieselten Quarzsande lassen heute kaum mehr an die Zeit denken, in der hier Braunkohle und Quarzsand abgebaut wurden. Nach der Stilllegung des Tagebaus wollte die NVA, die Nationale Volksarmee der DDR, das Gewässer der Grube zur Taucherausbildung nutzen. Doch die geologischen Besonderheiten machten diese Pläne zunichte. Nach der Schließung des Truppenübungsplatzes kehrte dann endgültig Ruhe ein.

Schaut euch den See genau an. Menschliche Taucher sind hier nicht zu sehen, aber vielleicht ein Zwergtaucher? Im Sommer tummelt sich der Vogel in seinem schwarz-braunen Prachtkleid am See, bevor er sich ab September ins Winterkleid mausert.

Von der Grube Gotthold führt euch ein ausgeschilderter Weg in den Ort Hohenleipisch mit seiner kleinen Heidemanufaktur. Findet heraus, was sich hinter dem Elixier der Heidefee verbirgt, und schnuppert mal an der duftenden Heideseife. Der gut ausgeschilderte Rundweg führt euch abschließend zum 124 Meter hohen REESBERG ④, der einen Blick über Obstwiesen und in das Urstromtal der Schwarzen Elster

ermöglicht. Je nach Jahreszeit ist die Aussicht aber auch durch Vegetation zugewuchert.

Die ebenfalls gut ausgeschilderte Strecke zurück nach Kraupa an den Waldparkplatz führt dann noch an einem sehenswerten Damwildgehege (Hohenleipischer Str. 18, 04910 Elsterwerda) vorbei. Euren Ausgangsort erreicht ihr von dort in etwa zehn Gehminuten.

Alles, was ihr wissen müsst

Rundtour: auf teils unbefestigtem Untergrund //
nicht kinderwagentauglich

Markierung: violetter Heidewegweiser,
ansonsten nicht einheitlich, besser Text und GPS nutzen

Entfernung von: Berlin 168 Kilometer
ÖPNV: nicht empfehlenswert
Auto: Waldparkplatz Kraupa,
Mühlenstraße 24, 04910 Elsterwerda

Einkehr: Zum goldenen Löwen,
Dresdner Straße 16, 04934 Hohenleipisch //
Parkschlößchen, Hotel & Restaurant,
Dorfstraße 7, 04924 Maasdorf

ALPAKAWANDERN AM FLEESENSEE

Schwierigkeit: leicht // 3–6 Kilometer // 0 Höhenmeter
Für Familien mit Kindern geeignet

*STREICHELEINHEITEN
FÜR DIE SEELE: GANZ ENTSPANNT
IM HIER UND JETZT*

Wäre es nicht spannend, beim Wandern die Kontrolle einmal abzugeben? Also nicht selbst zu entscheiden, wo es lang geht, sondern sich jemandem anzuvertrauen, der den Weg, aber auch das Tempo in ganz eigener Weise bestimmt. Wie ihr auf dieser kurzen Wanderung sehen werdet, sind Alpakas wie geschaffen dazu, stressgeplagte Menschen zu Müßiggängern und entspannten Wanderern zu machen.

Während sonst beim Wandern unsere Gedanken oft ihre eigenen Wege gehen, ist man beim Alpakawandern – gedanklich gesehen – selbst an der Leine. Das gedankliche Abschweifen, das wir alle beim Wandern kennen, lassen die Alpakas nicht zu. Durch die Zuwendung zum Tier werden alle anderen Dinge, die einem so durch den Kopf gehen, automatisch abgeschaltet.

Penkow, nur 5 Kilometer von der Inselstadt Malchow entfernt, ist ein wunderbarer Ort, um abzuschalten und zur Ruhe zu kommen. Es gibt einen Dorfteich, einen ehemaligen Gutshof und kaum 2 Kilometer vom Ortskern entfernt einen Park samt Schloss, in dessen Wellnessbereich man sich Haut und Seele streicheln lassen kann. Das mit dem Seelestreicheln klappt natürlich auch beim Wandern mit den Alpakas. Ausgangspunkt der Wanderung ist der ALPAKAHOF **1** der Familie Tönnessen an der Lebbiner Straße 5. Kerstin ist Grundschullehrerin, Andreas kommt aus der Medienbranche. Ihre Leidenschaft für das Wandern mit Alpakas haben die beiden mittlerweile lebenserfüllend zu ihrer Hauptbeschäftigung gemacht. Diese Art des Wanderns ist als therapeutisches Wandern anerkannt. Kerstin und Andreas haben den Alpakas sogar das Fahrstuhlfahren beigebracht, denn die Tiere sind gern gesehene, hilfreiche Gäste in Seniorenheimen und Hospizen.

Vor der eigentlichen Wanderung gibt es zunächst eine kleine Aufwärmrunde. Das ist wichtig, denn man erhält nützliche Informationen zu den Tieren und kann sich vorab beschnuppern und so ein Vertrauensverhältnis aufbauen. Wir füttern die Tiere erst einmal in einem umzäunten Auslauf, einem Paddock vor dem Stall, mit mineralstoffreichem Futter. Dieses Körnerkraftfutter ist notwendig, weil die Böden in Europa leider nicht so mineralstoffreich sind wie die der Alpaka-Heimat in den Anden.

Gemütliches Alpakawandern

ALPAKAS SIND DISTANZ- UND FLUCHTTIERE, DAS HEISST, SIE SIND VON HAUS AUS EHER SCHEU UND NICHT VERSCHMUST. ALPAKAS BERÜHREN SICH UNTEREINANDER KAUM, DA WIRD MAL KURZ NASE AN NASE GERIEBEN, ABER ANSONSTEN BEWAHREN UND LIEBEN SIE DEN ABSTAND. DAS IST SEHR VORTEILHAFT, DENN ALPAKAS WERDEN NIEMALS AUFDRINGLICH.

Wir suchen uns vor der Wanderung unser Tier aus – oder das Tier sucht sich jemanden aus – je nach dem. Anschließend üben wir das Handling mit der Leine bei ein paar ersten Schritten ein. Diese erste Annäherung an die hübschen Tiere hätten wir uns schwieriger vorgestellt. Aber alles ist kinderleicht, was die Kinder der Wandergruppen sicher bestätigen könnten.

Andreas gibt uns noch wichtige und interessante Infos mit auf den Weg. Erstaunlich, in den Anden werden Alpaka-Babys nicht von der Mutter trocken geleckt. Da das von der Geburt nasse Fell auf 3500 bis 5000 Metern Höhe in den Frostnächten ihr Todesurteil wäre, gebären Alpaka-Mütter in Lateinamerika in der Regel nur vormittags und nur an sonnigen Tagen. Die Kleinen werden also immer sonnen- und luftgetrocknet. Auch das Fell von Alpaka Fuchur ist staubtrocken, denn im Gegensatz zu Schafen fehlt Alpakawolle das schützende Wollfett Lanolin.

Auch erfahren wir, dass Alpakas bereits vor über 5000 Jahren aus der Wildform, den sogenannten Vikunjas herausgezüchtet wurden.

Ihre Verwandten, die Lamas, gehen auf die wilden Guanakos zurück. Als reine Zuchtform verlieren Alpakas ihr Fell nicht mehr allein und müssen einmal im Jahr geschoren werden.

Die Vorfahren der Alpakas jedoch, also die wilden Vikunjas, »scheren« sich selbst, indem sie einfach durch wilde Hecken laufen, wo dann die Wolle flockig hängen bleibt. Die Inkas haben diese Wolle zur weiteren Verwertung früher einfach aus Büschen gepflückt wie »Baumwolle« oder besser gesagt, wie »Buschwolle«.

So, jetzt aber – die Tiere werden gehalftert, die Leine wird zu einer kurzen Schlaufe gebunden und dann geht es los. Das Schöne an dieser Wanderung ist, dass man sich keine großen Gedanken machen muss, wo es lang geht. Man wird geführt. Den Blick auf die Navigation, auf GPS-Daten oder die Suche nach zugewucherten Wegweisern kann man sich sparen.

Farbenfroher Garten eines Hauses
in Göhren-Lebbin

Als Alpakawanderung sind mehrere Routen möglich. Diese Tour geht links aus dem Alpaka-Hof raus auf den sogenannten Heimweg und führt dann an einem GETREIDEFELD ❷ vorbei, auf dem jedes Jahr andere Sorten wachsen. Dort, wo der Heimweg nach links abgeht, gehen wir einfach geradeaus weiter – ab in die farbenprächtige Wildnis voller Korn- und Mohnblumen.

Bereits am Anfang merkt man, wie aufmerksam Alpakas sind. Der nach Michael Endes Drache aus der Unendlichen Geschichte benannte, mit einer wilden Tolle ausgestattete Fuchur läuft nicht einfach nur neben seiner Begleitperson her. Vielmehr scheint er diese erst einmal abzuschätzen und schreitet dann bedächtig, geradezu andächtig weiter. Alpakas sind Meister der Aufmerksamkeit. So nehmen Alpakas zum Beispiel das Rascheln eines Rebhuhns wesentlich früher wahr als jeder Mensch. Kein Wunder, Alpakas müssen auch in freier Wildbahn aufmerksam sein, um rechtzeitig herannahende Pumas zu bemerken. Kerstin erzählt von Babykranichen, die man ohne die aufmerksamen Alpakas im gut versteckten Nest im hohen Gras wohl gar nicht bemerkt hätte.

Das Alpaka als wunderbarer Naturführer und Entdecker. Wir schlendern gemächlich an blühenden lilafarbenen Wiesenflockenblumen vorbei. Den Duft von Hibiskus in der Nase, entwickelt man schnell ein Gefühl dafür, was Alpakas lieben.

HIBISKUS UND HECKENROSEN, ALSO HAGE-
BUTTEN, SIND SUPERLECKER FÜR ALPAKAS.
DIE GESUNDEN LECKEREN TRIEBE JUNGER
BRENNNESSELN LIEBEN SIE SO SEHR, DASS SIE
SICH DAFÜR SOGAR HINKNIEN. ABER AUCH
GELBE UND WEISSE SCHAFGABE STEHEN AUF
IHREM SPEISEPLAN. AUFMERKSAM GIBT KERSTIN
DARAUF ACHT, OB GIFTIGES JAKOBSKREUZKRAUT
AM WEGRAND STEHT, DAS ÜBRIGENS AUCH
NIE INS HEUFUTTER GELANGEN DARF.

Schlosshotel Fleesensee

Wenn Fuchur permanent am leckeren Naturbüfett stehen bleiben möchte, gibt man ein wenig Zug auf die Leine, gönnt ihm andererseits aber auch Pausen. An einem Apfelbaum versucht ein Alpaka namens Lucifer, eine Giraffe zu imitieren. Es stellt sich geschickt auf die Hinterbeine und streckt sich in die Höhe, um an die Blätter und Knospen zu kommen. Über uns vollführt ein Rotmilan akrobatische Manöver.

An einem Feldweg am Ortsrand biegen wir nach rechts ab und gehen über die Weiden an den Pappeln ein Stück am Waldrand entlang. Als wir an einem Imker vorbeikommen, der interessiert seine Bienenstöcke und Beuten studiert, verändern alle Alpakas sofort ihren Gang und schauen gespannt in die Richtung des Geschehens.

Der Wendepunkt der beschriebenen Tour, der HOCHSITZ AM GOLFPLATZ ❸ samt für Golfer und Besucher gedachter Wetterschutzhütte, ist auch der Fotopoint, an dem in aller Ruhe Schnappschüsse gemacht werden können.

Spannend sind auch die Alpaka-Wanderungen nach Kisserow, auf denen man im September und Oktober viele Kraniche zu Gesicht bekommt und einen schönen Weitblick genießen kann. Auch im Winter finden Alpakawanderungen statt. Die Tiere haben dann sehr schöne dicke Wolle und frieren keinesfalls.

Empfehlenswert ist ein abschließender Besuch des prächtigen Schlosshotel Fleesensee und ein Ausflug zum Schloss Klink mit der Möglichkeit, sich im nahe gelegenen Strandbad in der Müritz zu erfrischen.

ALLES, WAS IHR WISSEN MÜSST

Rundtour: kurze und einfache Rundwanderung ohne schwierige Anstiege // kinderfreundlich // **kinderwagentauglich** // Infos: www.fleesensee-alpakas.de, Tel. 0163 2 77 77 04

Markierung: siehe Text oder GPS-Track

Entfernung von: Berlin 155 Kilometer
ÖPNV: nicht empfehlenswert
Auto: Wanderparkplatz direkt am Feldweg, Lebbiner Straße 5, 17213 Penkow

Einkehr: Genusswerkstatt Fleesensee, Tannenweg 1, 17213 Göhren-Lebbin, genusswerkstatt-fleesensee.de // **Restaurant Blüchers im Schlosshotel Fleesensee,** Schlossstraße 1, 17213 Göhren-Lebbin // **SeeWirtschaft,** Strandweg 40, 17213 Göhren-Lebbin

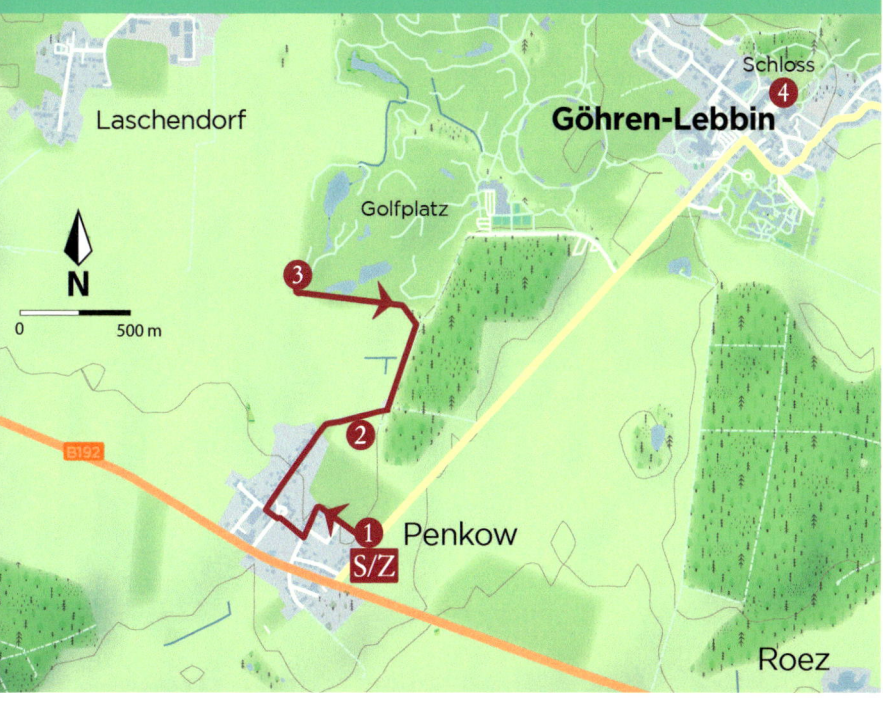

FRIDOLINWANDERUNG IN CARWITZ

Schwierigkeit: mittel // 20 Kilometer // 129 Höhenmeter
Für Familien mit Kindern geeignet

FRECHE DACHSE,
SELTENE SCHAFE, RIESIGE MAMMUTS
UND EINE HANDKURBELFÄHRE

Der Name dieses Wanderwegs geht auf das Kinderbuch »Fridolin, der freche Dachs« zurück, das Hans Fallada für seine Tochter Lore (Spitzname: Mücke) als Geschenk zum Weihnachtsfest 1944 geschrieben hat. Wer möchte, kann das Buch im Museumsladen im Fallada-Haus erwerben und auf der Wanderung kleine Lese- oder Vorlesepausen einlegen. Ursprünglich war dieses Büchlein von Fallada selbst gebunden worden und es gab auch nur ein einziges Exemplar. Eine schöne Idee, den Wanderweg nach dieser »zwei- und vierbeinigen Erzählung« zu benennen.

Ihr beginnt die Tour wahlweise am Parkplatz vor dem Ortseingang oder für alle, die mit dem Bus von Feldberg kommen, in der Ortsmitte an der Fachwerkkirche. Vom Parkplatz aus sind es nach Carwitz kaum mehr zehn Minuten. Es sei denn, ihr wollt euch vorab erfrischen und an der BADESTELLE CARWITZ ❶ in den Schmalen Luzin hüpfen, einen der schönsten Seen Mecklenburgs.

Vom Parkplatz kommend geht es an einer Holländermühle vorbei, der man die Flügel gestutzt hat. Beim Gang durch das Dorf fällt die hübsche Fachwerkkirche sofort ins Auge. Früher hatte sie mal einen Glockenturm, den man aber nach einem Blitzeinschlag nun als einen separaten Glockenstuhl draußen platziert hat. Dann geht es über die vor über 100 Jahren aus eiszeitlichen Steinblöcken gebaute Bäk-Brücke rechts hinunter zum idyllischen HANS-FALLADA-HAUS ❷.

Das Wort Paradies kommt einem in den Sinn, wenn man das Wohnhaus der Familie sieht, die bürgerlich übrigens Ditzen hieß. Ein idealer Ort für Fallada, um fern ab von Berlin seiner Morphium- und Alkoholsucht zu entkommen. Traumhaft schön blühte damals in den 1930ern Anna Ditzens Komposition aus Klatschmohn, Schwertlilien, weißen und blauen

Die DACHS-WANDERUNG

Glockenblumen, Malven und Rittersporn. Falladas Frau, die er nur Suse nannte, hatte einen grünen Daumen. Das heutige Museum lässt all diesen Zauber wiederauferstehen. Die Pfingstrosen sind sogar noch aus der damaligen Zeit. Traumhaft liegt der Garten mit eigener Badestelle, einem Bootsanleger und Bootshaus direkt am Carwitzsee. Dort, wo vor der damaligen Scheune Hühner an einem großen Misthaufen Auslauf hatten, seht ihr heute ein kleines Amphitheater. Eine schöne Idee, die von Clematis, Weinreben und Stockrosen umrankten blauen Flügeltore des Scheunensaals in diese Naturinszenierung mit einzubeziehen.

Doch das Paradies, das ihr hier vor euch seht, machte Hans Fallada in den Jahren 1938/39 reichlich zu schaffen. Die Eiszeit hatte im Obstgarten ein steinreiches Erbe hinterlassen. Fallada vermerkt in seinem Arbeitskalender: »Steine vom Acker schaffen, … Steine buddeln und hauen. Steine schlagen und Steine zuhauen.« Die Plackerei konnte Fallada jedoch nicht davon abhalten, in dieser Zeit kurz vor dem Zweiten Weltkrieg weitere Kinderbücher zu schreiben.

1938 ENTSTANDEN FALLADAS »GESCHICHTEN AUS DER MURKELEI«. IM VORWORT DES MÄRCHENBUCHES ERFAHREN WIR, DASS HANS FALLADA SEINEN KINDERN ULI, MÜCKE UND ACHIM DIESE GESCHICHTEN ZUERST MÜNDLICH BEIM ABENDESSEN ERZÄHLTE, »DAMIT DAS ESSEN BESSER RUTSCHTE UND NICHT SO LANGWEILIG WAR.«

Ihr verlasst das Fallada-Haus und geht über die Carwitzer Straße zurück zu einem Schild mit einem hübschen schlafenden Schaf, das auf einen Schäferladen verweist.

Wir lassen Carwitz hinter uns und wandern etwa zehn Minuten der Hauptstraße entlang Richtung Hullerbusch. Rechts ab führt bald ein Pfad nach oben ins Naturschutzgebiet Hauptmannsberg. Entlang an Birken, Ginster, Weißdorn und Schlehen kommt ihr auf einem waldlosen Plateau zu einem Steinhügelgrab aus der Bronzezeit. Männer wurden im Grab samt ihrem Schwert und Beil, die Frauen in ihrer Tracht samt Schmuck und Geschmeide beigesetzt.

Weiter geht es nach oben auf den 121 Meter hohen Hauptmannsberg. Hinter den Baumkronen erahnt man unten die blau schimmernden Seen und Inseln. Östlich, also rechts das Eiland Bohnenwerder, direkt vor euch die Insel Jägerwerder und dahinter die beiden Inseln Stein- und Bollenwerder. Links unten müsste der Zansen zu sehen sein, der See, der euch auf dem nächsten Abschnitt der Wanderung begleiten wird. Auf dem weiteren Weg geht's teilweise wild und sandig zu und plötzlich erweitert sich der Raum. Eine große Weidefläche liegt vor euch, auf der friedlich ein paar Schafe grasen. An dieser Stelle solltet ihr den klassischen Fridolinweg kurz verlassen. Ein Schild weist euch den Weg nach links über die Hullerbusch-Weideflächen zum Schäferladen der SCHÄFEREI HULLERBUSCH ③.

Heutiges Museum mit prachtvollem Garten:
das Hans-Fallada-Haus

In der Schäferei gibt es rund 350 Mutterschafe der Rasse Rauhwolliges Pommersches Landschaf und ihre Lämmer, die ganzjährig auf den kräuterreichen Weiden zu finden sind. Die Lämmer werden ohne intensive Mast und vollkommen natürlich aufgezogen. Das kommt dem Fleisch zugute. Wer von euch wissen möchte, wie das aromatische Fleisch schmeckt, sollte sich eine Lammsoljanka oder eine in Biersoße geschmorte Lammkeule gönnen und es sich vor dem Schäferladen auf einer Bank mit einem Hullerbusch Hollundersirup gemütlich machen. Ziegenmilcheis und Kuchen stehen bei Kindern oben auf der Wunschliste.

Nach der Pause geht es rechts hinaus und kurz danach erneut nach rechts in den Hullerbuschweg, der euch an einem Hotel vorbei geradezu wieder auf den Fridolinweg bringt. Kaum seid ihr im Wald, geht es links auf dem Naturlehrpfad durchs Naturschutzgebiet Hul-

Holzsteg zur Plattform des durch einen
Gletscher entstandenen Kesselmoors

lerbusch. Herrlich, oben auf dem Steilufer zu wandern, tief unten schimmert der Zansen, ein Eiszeitsee. Der Naturlehrpfad eignet sich hervorragend, um Kinder zu beschäftigen. Mag der Jagenstein noch nicht so interessant sein, mit dem man früher in Wäldern Grenzen zog, so könnten am nachfolgenden Teufelsstein die Rate-

CAFé SOMMERLIEBE

spiele beginnen. Wer hat wohl die markanten Kratzspuren auf dem riesigen Findling hinterlassen? Nun, des Teufels Krallen waren es nicht. Wenn Gesteine im Gletschereis übereinanderschrammen, entstehen diese Einschnitte. Das ist ein selten zu sehendes Phänomen, was den Teufelsstein zum Naturdenkmal macht. Immer mal wieder blitzen bald der Carwitzer See und Zansen zwischen knorrigen Bäumen und Wildrosengestrüpp hervor.

Es wäre oben, mit tollem Blick auf den See, nun an der Zeit mal aus dem »Fridolin« vorzulesen. Denn dort irgendwo sollte unser Dachs seine Höhle eigenpfotig gebuddelt haben, wie uns Hans Fallada erzählt.

SO VIEL SEI SCHON MAL VORAB VERRATEN: DER DACHS FRIDOLIN HÄTTE SEIN BESCHAULICH- GRIESGRÄMIGES LEBEN NOCH VIELE JAHRE IN DER HÖHLE AM ZANSENHANG WEITERGEFÜHRT, WENN NICHT DER FUCHS ISOLEIN EIN AUGE AUF SEINE EINSIEDELEI GEWORFEN UND FRIDOLIN AUF SEHR DREISTE WEISE AUS SEINER HÖHLE AUSGESTÄNKERT HÄTTE.

Seilfähre am Schmalen Luzin

Tja, Fallada schreibt wirklich »ausgestänkert«, wie Fridolin danach die Familie Ditzen an der Nase herumführte, solltet ihr selbst erschmökern. Vielleicht entdeckt ihr ja auch eines der hübschen Dachs-Schilder an einem Baum. Leider verschwinden sie als begehrtes Souvenir immer wieder in den Taschen der Touristen.

In einer großen Linkskurve geht es auf dem Weg nun steil nach oben, bis ihr zum Kesselmoor kommt. Über einen Holzsteg erreicht man eine Plattform, von der aus ihr Torfmoose, Sonnentau und alles bewundern könnt, was aus dem moorigen Abschmelzen unterirdischer Toteisblöcke so wachsen kann.

Den gut ausgeschilderten Weg zur LUZINFÄHRE ④ werdet ihr problemlos finden. Ein Höhepunkt dieser Wanderung! Der Fährmann der europaweit einzigen handbetriebenen Seilfähre reagiert zwar auf den Zuruf »Fährmann höl över«, doch es funktioniert auch, indem man einfach ein Schild hochklappt – und etwas Geduld hat. Karibisch türkisblau schimmert dieser wunderschöne See auf der Überfahrt. Der Fährmann erklärt euch gern wieso, und hat auch viele andere Geschichten auf Lager. Nach wenigen Minuten bereits ist man auf der anderen Seite und weiß dann, warum der See Schmaler Luzin heißt. Im Fährcafé könnt ihr euch für den wunderschönen Rückweg stärken, der links zur Badestelle Ziegenwiese und zurück zur Badestelle Carwitz führt.

Wer noch nicht genug Steine gesehen hat, könnte noch den Findlingsgarten in Carwitz besuchen. Das größte Exemplar ist 20 Tonnen schwer. Einige Findlinge zeichnen die Umrisse eines Mammuts nach, was man auf Google Maps sehr schön erkennen kann.

ALLES, WAS IHR WISSEN MÜSST

Rundtour: auf teils unbefestigtem Untergrund //
nicht kinderwagentauglich

Markierung: Dachs oder grüner Punkt auf weißem Grund

Entfernung von: Berlin 134 Kilometer
ÖPNV: nicht empfehlenswert
Auto: großer Parkplatz am Anfang des Ortes,
Carwitzer Straße, 17258 Feldberger Seenlandschaft

Einkehr: Schäferei Hullerbusch, Hullerbusch 2,
17258 Feldberger Seenlandschaft, schaeferei-hullerbusch.de //
Fährcafé an der Luzinfähre, An der Fähre 1,
17258 Feldberger Seenlandschaft, luzinfaehre.de

KOSSÄTEN-TOUR ÖKODORF BRODOWIN

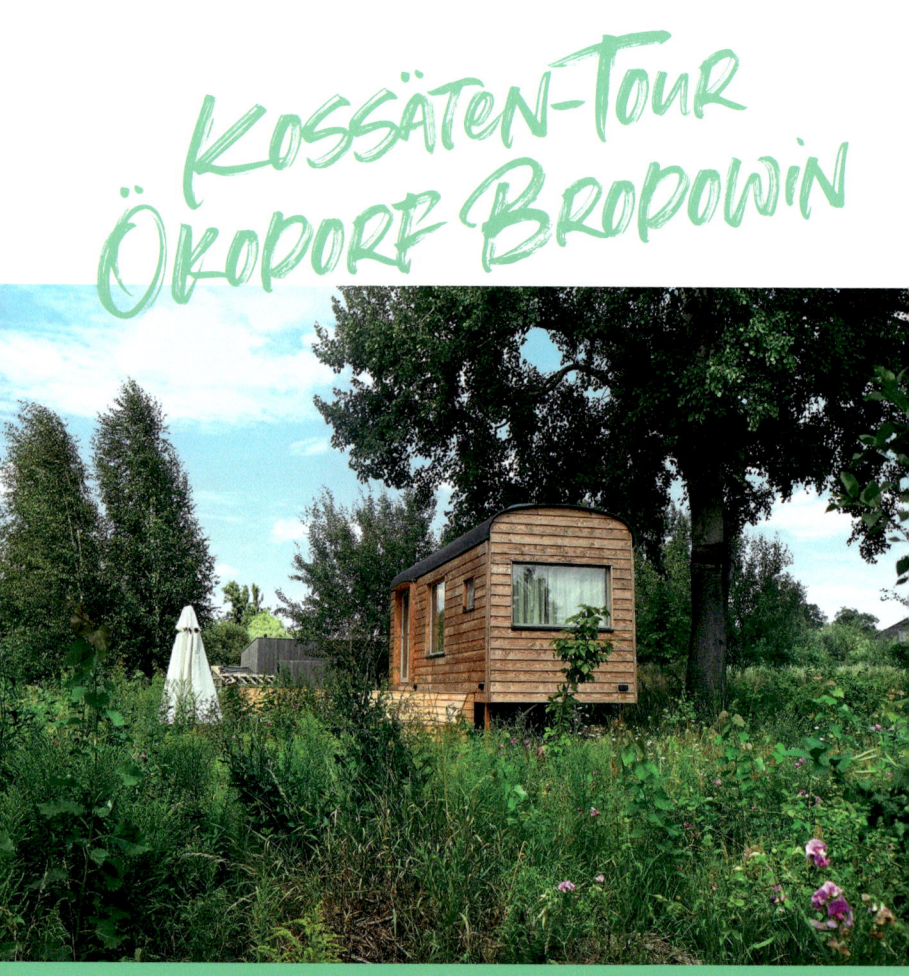

Schwierigkeit: leicht // 7 Kilometer // 60 Höhenmeter
Für Familien mit Kindern geeignet

LESESTEINHAUFEN – SANDGRASNELKEN – HIMMELSZIEGEN

Während in vielen Dörfern Brandenburgs nach 1989 die Einwohnerzahl zurückging, gibt es im Landkreis Barnim einen kleinen Ort, der sich vor Anfragen kaum retten kann. Die 440-Seelen-Gemeinde Brodowin im UNESCO-Biosphärenreservat Schorf-heide-Chorin gehört zu den populärsten Dörfern Ost-deutschlands und das hat einen guten Grund. Von An-

SYMBOL DER KOSSÄTEN-TOUR

fang an hat sich der Ort nach der politischen Wende 1989 ökologisch positioniert und ausgerichtet. Viele Berlinerinnen und Berliner kennen die Bezeichnung Ökodorf Brodowin vor allem aus ihrem Naturkostladen. Denn das kleine Dorf befüllt viele Auslagen und Kühlregale der Millionenmetropole mit Demeter zertifiziertem Gemüse und Milchwaren.

Relativ wenige der Hauptstädter allerdings kennen Brodowin als Wanderparadies und als Dorf der sieben Seen. Für Wanderer gibt es mit fünf unterschiedlich langen Touren reichlich Anlässe, sich auf den Weg in die Schorfheide zu machen.

Wir starten diese Tour im Hofladen des Ökodorfs an der Dorfstraße 89. Von Eberswalde kommend findet ihr den Hofladen hinter dem Weißen See gleich auf der rechten Seite. Wer möchte, kann sich hier mit Getränken und Knackern für unterwegs versorgen oder sich hinten im Terrassengarten vorab mit frischer Ziegenmilch oder einer Thymianwurst stärken, bevor es runter ins Dorf geht.

Rechts raus folgt ihr dem Wander- und Fahrradweg, der die Hauptstraße parallel begleitet. Schon nach kurzem Weg habt ihr dann mit der Dorfkirche unser nächstes Ziel im Blick. Ihr schlanker Turm ist hinten rechts am Horizont zwischen den Bäumen zu erkennen. Am

Dorfeingang könnt ihr auf einen Pflastersteinweg wechseln, kommt an Siegis Landhauspension und Stockis Hofladen vorbei und werdet kurz danach am zentralen DORFANGER ❶ von mehreren Findlingen samt Infotafeln willkommen geheißen. Ihr könnt euch dort gern in die über 750-jährige Dorfgeschichte vertiefen. Eine Rundbank, die um den Stamm einer imposanten Eiche geschwungen ist, ist eine hübsche Einladung, ein wenig auf dem Dorfplatz zu verweilen. Solche Dorfanger gibt es leider immer seltener.

DER BEGRIFF ANGER BEZEICHNET EINEN ZENTRALEN DORFPLATZ. DIE TRADITION DER ANGER GEHT AUF DEN VORKIRCHLICHEN, GERMANISCHEN BRAUCH DER KULTPLÄTZE ZURÜCK, DIE VON ALLEN BEWOHNERN GLEICHERMASSEN GENUTZT WURDEN. MAN KENNT IHN AUCH ALS BRUNNENPLATZ UND ALS THINGPLATZ DER VERSAMMLUNGEN. HEUTE BELEBT MAN DIESE TRADITION IN EINIGEN DÖRFERN WIEDER DURCH GEMEINSCHAFTLICHES SCHMÜCKEN DES DORFANGERS ZUM OSTERFEST, GEMEINSAMES BROTBACKEN ODER ALS ORT FÜR EINEN TANZ IN DEN MAI.

Es wäre schade, wenn ihr nicht einen näheren Blick auf das Dach des Eckhauses Brodowiner Dorfstraße 15 werfen würdet. Seit einigen Jahren kehren Weißstörche bereits im März aus dem Süden zurück. Die Störche lieben Brodowin, weil es in den Feuchtbiotopen der sieben Seen genügend Nahrung gibt. Auch andere Häuser entlang des Dorfangers und der Dorfstraße machen den Störchen eindeutige Angebote, indem sie lange Pfähle aufstellen und oben Plattformen für die Nester anbringen.

Brodowin ist ein typisches, lang gestrecktes Straßenangerdorf und so braucht ihr eine Weile, bis ihr zum Beginn der sogenannten Kossäten-Tour ans Südende des Dorfes kommt. Geprägt wurde Brodowin vor allem durch die vielen hugenottischen Familien, die sich hier im 17. Jahrhundert ansiedelten. Ihr wandert an den typischen, im Frühling wunderschön mit Blumen geschmückten Dreiseitenhöfen entlang, seht kleine Läden mit Fisch- oder Wildwurstverkauf und kommt dann am Dorfende an die Buswendeschleife Ziegenberg. An diesem Rondell müsst ihr etwas suchen, denn der Einstieg in unseren Weg ist unten durch einen kleinen Stein markiert, auf dem eine Rotbauchunke zu sehen ist. Eine gute Wahl, diesen bedrohten Froschlurch zum Symbol der Kossäten-Tour zu machen, denn im Frühling reisen manche Groß-städter eigens an, um den sehr wohlklingenden Paarungsrufen der auch als Feuerkröte bekannten Tiere zu lauschen.

Rundumsicht und Zwischenstopp an der Eiche
des zentralen Dorfangers von Brodowin

KOSSÄTEN NENNT MAN KLEINBAUERN, DIE AM RAND IHRES DORFES NUR WENIG LAND BESASSEN, VON DEM SIE SICH KAUM ERNÄHREN KONNTEN. AUS DIESEM GRUND ARBEITETEN SIE AUCH ALS HANDWERKER ODER TAGELÖHNER AUF DEN GRÖSSEREN HÖFEN. SIE MUSSTEN DEM GRUNDHERRN GETREIDE UND HÜHNER ABTRETEN UND »HAND- UND SPANNDIENSTE« LEISTEN, ALSO ZUM BEISPIEL BEI DER ERNTE HELFEN.

Die erste Station auf dieser Rundwanderung ist schnell erreicht. Am KROGBERG ❷ werdet ihr von einem Schild mit der Aufschrift: »Betreten und Kies abbauen verboten« empfangen. In der früheren Kiesabbaugrube fand man Keramikscherben aus slawischer Zeit und stoppte deshalb den Sandabbau. An der Abbruchkante der einstigen

Imposanter Tiefwurzler-Bewuchs auf dem sandigen Kamm der früheren Kiesabbaugrube Krogberg

Grube seht ihr am Steilhang, wie tief die hier freigelegten Wurzeln der Bäume in das Sandgestein hineinreichen, um an Wasser zu kommen. Heute brüten hier der Neuntöter und die Sperbergrasmücke. Zauneidechsen lieben dieses Biotop und Erdbienen sowie Erdhummeln bauen sich an der sonnigen Steilwand ihre Bruthöhlen.

Beim Weiterwandern solltet ihr auf den Duft von Majoran, Thymian und Wiesen-Salbei achten, der hier in der Luft liegt. Auch die eindringlich hohen Lockrufe der Heidelerchen sind oft zu hören. Ihr kommt bald an einem Findling vorbei, der an den Schriftsteller und Naturschützer Reimar Gilsenbach erinnert, den geistigen Vater der Ökodorf-Idee. Er war ein guter Freund Wolf Biermanns, dessen Tagebücher er seit Biermanns Ausbürgerung 1976 auf seinem Grundstück in Brodowin versteckte.

Das nächste Etappenziel ist der KARPATENAUSSICHTSPUNKT ❸. Die fleißigen Sucher unter euch, die nach den Markierungen mit den Rotbauchunken Ausschau halten, sollten sich nicht wundern, denn hier sind gleich zwei Wegsteine zu entdecken. Einen findet ihr rechts an einem kleinen Pfad, der hier auf eine Anhöhe abzweigt. Eben jenen Aussichtspunkt, der lustigerweise nach den Karpaten benannt ist.

Auf alten Landkarten ist noch die Bezeichnung Kossätenfelder zu finden. Doch ein vielleicht aus Siebenbürgen stammender, von Sehnsucht verzehrter Kartenzeichner, machte aus den Kossäten die Karpaten. Vom nur 75 Meter hohen Karpatenhügel habt ihr eine schöne Aussicht auf die Choriner Endmoränen-Eiszeitlandschaft sowie auf einige der Seen. Im Frühjahr gibt es hier Gratis-Naturkonzerte der Nachtigallen und Pirole, im Sommer stimmen Gold- und Grauammer und weitere Singvögel in den Chor ein.

Rosen-Malven

Zurück auf dem Weg seht ihr vor euch ein Feuchtgebiet mit reichlich Schilf. Früher reichte der Brodowinsee bis hierher. Inzwischen wurde diese Bucht jedoch zu einem Röhrichtmoor, mit reichlich Rohr, aus dem heute noch Schilfmatten gemacht werden. Auf dem leicht ansteigenden Hauptpfad geht es rechts zu einer farbenprächtigen Feuchtwiese an einer markanten hohlen Weide. Die Trollblumen und Himmelsziegen, von denen auf der Infotafel hier die Rede ist, sind nur ein Bruchteil all der Naturwunder, die auf der Quart'schen Wiese zu finden sind. Die Sumpfdotterblumen und das imposante, bis zu 2 Meter hohe Moorgreiskraut bestimmen das Bild. Mit den Himmelsziegen sind übrigens die Bekassinen, langschnäblige Schnepfenvögel, gemeint. Beim Sturzflug dieses Vogels entsteht durch Luftreibung ein Geräusch, das dem Meckern einer Ziege ähnelt.

An Feldhecken vorbei kommt ihr zu einer Wegkreuzung, an der es nach links abgeht. Von Weitem ist bereits der – hoffentlich auch für euch in der Sonne schimmernde – Brodowinsee zu sehen. Nach den Apfelbäumen, die hier den Weg säumen, können wir uns einen Abstecher in die Uferzone gönnen und die Teppiche aus See- und Teichrosen bewundern. Leider kommt man durchs Schilf nicht an den See heran. Hier, wo Libellen durch die Luft schwirren sowie Haubentaucher und Trauerseeschwalben zu sehen sind, befinden wir uns am Punkt ZWISCHEN ZWEI SEEN ④. Dem tiefen und klaren Brodowinsee, den ihr vor euch seht, und dem flachen, oft schlammigen Wesensee. Vorbei an einigen Öko-Tiny-Houses, die nun anstelle einer ehemaligen Mühle hier stehen, und einer Privatimkerei, die ihr flüssiges Gold verkauft, geht es zurück ins Dorf. Sobald das Ortsschild von Brodowin passiert ist und ihr den Kirchturm seht, geht's rechts durchs Dorf zu unserem Ausgangspunkt zurück.

ALLES, WAS IHR WISSEN MÜSST

Rundtour: auf teils unbefestigtem Untergrund //
nur bedingt kinderwagentauglich

Markierung: Rotbauchunke auf einem Stein,
leider oft überwuchert oder als Souvenir entwendet

Entfernung von: Berlin 83 Kilometer
ÖPNV: nicht empfehlenswert
Auto: Parkplätze am Hofladen,
Brodowiner Dorfstraße 89, 16239 Chorin

Einkehr: Hofladen,
Brodowiner Dorfstraße 89,
16239 Chorin

VON LÜBBENAU NACH LEHDE

Schwierigkeit: mittel // 11 Kilometer // 64 Höhenmeter
Für Familien mit Kindern geeignet

WOTSCHOFSKA, GURKENLIMO,
KIENSPANHALTER, NÄPFCHENKACHELOFEN
UND AB INS WASSERLABYRINTH

Südöstlich von Berlin gibt es eine in Mitteleuropa wohl einmalige Auenlandschaft, die wir als Wasserparadies kennen und schätzen. Den Spreewald. Wie venezianische Gondeln staken die Fahrmänner ihre Spreewaldkähne durch dieses Delta und riesige Wasserlabyrinth. Heute ist das gesamte Netz aus natürlichen und künstlichen Wasserwegen im Spreewald rund 1575 Kilometer lang. Da wir uns dieses Biosphärenreservat auch auf schönen Wegen erwandern können, reisen wir ins Herz des Spreewalds nach Lübbenau, dem Venedig Brandenburgs. Straßen gab es hier früher kaum. Der Postbote kam einfach mit dem Kahn an die Haustür.

Sehenswerter Ausgangspunkt der Wanderung ist der Sagenbrunnen vor der Sankt-Nikolai-Kirche. Im fröhlichen silbernen Figuren-Ensemble, das ihr hier seht, sind auch die kleinsten Bewohner der Spreewälder Sagenwelt verewigt, die Lutchen.

BEI DEN SORBEN, EINEM SLAWISCHEN VOLKSSTAMM, DER SICH IM 6. JAHRHUNDERT IM SPREEWALD ANSIEDELTE, HEISSEN DIESE HILFREICHEN KOBOLDE LUTKI. SIE LEBEN UNTER DER ERDE, DA IHRE OHREN DAS KIRCHLICHE GLOCKENLÄUTEN NICHT VERTRAGEN. DIE GUTMÜTIGEN, ABER ZUM SCHABERNACK NEIGENDEN KOBOLDE UND DIE SORBEN MOCHTEN SICH UND HALFEN EINANDER. ALS ABER FORSCHER IM SPREEWALD ARCHÄOLOGISCH ARBEITEN WOLLTEN, WURDEN SIE VON DEN SORBEN NICHT UNTERSTÜTZT, DA BEFÜRCHTET WURDE, DIE UNTERIRDISCHEN BEHAUSUNGEN DER LUTKI KÖNNTEN ZERSTÖRT WERDEN.

Erinnern euch die Sorben nicht auch an die Isländer, die sich bei Bauarbeiten Sorgen um ihre Elfen machen?

Von der Spreestraße kommt ihr in zwei Minuten zur Kahnabfahrtsstelle des KLEINEN HAFENS AM SPREESCHLÖSSCHEN ❶. Wer möchte, kann hier schon mal eine Kahnfahrt für den nächsten Tag buchen. Ihr geht dann nach links, am Biergarten vorbei, über eine Holzbrücke. Euer erstes Etappenziel, das Inselgasthaus Wotschofska, ist schon ausgeschildert (3,5 km).

Bereits kurz hinter der Brücke sprießt und wuchert die Natur entlang der Spreearme, was das Chlorophyll so hergibt. Immer wieder werdet ihr von Paddlern oder Kähnen überholt, denn anfangs wird euer Wanderweg von einem Spreearm begleitet. Wer die Ohren spitzt und den vorbeifahrenden Kahnführern lauscht, kann während des Wanderns so manche interessante Überraschung aufschnappen. So werden

Ein Seitenarm mit Wasserlinsen, die im Volksmund Entengrütze genannt werden

30 Prozent des Berliner Trinkwassers aus der Spree gewonnen.

GASTHAUS WOTSCHOFSKA

Jetzt kommt die Zeit des Brückenzählens. Denn ihr überquert auf dem sehr gut ausgeschilderten Wanderweg zur Wotschofska-Insel sieben Brücken. Schon bald kommt ihr über die zweite dieser hübschen Holzsteigbrücken. Dahinter geht es erst einmal weg vom Wasser, nach oben auf einen schnurgeraden Dammwanderweg. Links und rechts nichts als atemberaubend schöne Natur. Über 18.000 Tier- und Pflanzenarten zählt man im UNESCO-Biosphärenreservat Spreewald. Seit Kurzem auch wieder bedeutende Populationen von Fischottern.

Über 80 Weißstorchpaare brüten in den Ortschaften des Spreewalds. Auch geschützte seltene Rotbauchunken, See- und Fischadler, Wiedehopfe, Eisvögel, Biber und Schwarzstörche könnt ihr hier durchaus vor die Linse oder das Fernglas bekommen.

Eine Flachbrücke führt euch über ein Fließ, das vollkommen mit kleinen Wasserlinsen bedeckt ist. Ein einziger Teppich aus grüner Entengrütze. Die nächste Brücke ist dann wieder eine Steigbrücke. Hier wird die Renaturierung einiger Spreearme deutlich. Totholz und Äste werden einfach im Wasser liegen gelassen. Wenn ihr die Ohren spitzt, könnt ihr vielleicht hören, wie die Frösche quaken. Dann geht es über den Bürgergraben, wieder am Wasser entlang und nach 2,5 Kilometern an einem Wildsitz vorbei. An der nächsten, sehr schönen S-förmigen Brücke steht eine Infotafel: »Wo sich der Wald im Wasser spiegelt«.

An einer Fischbrücke guckt man in den Seitenarm und staunt über diesen Dschungel. Selbst Biber haben hier ihren Spaß.

Nach der letzten Brücke seht ihr bereits hinten das GASTHAUS WOTSCHOFSKA ❷. Der Name kommt aus dem Niedersorbischen

ENTENHAUS im SCHLOSSPARK

und bedeutet schlicht Insel. Im Spreewald nennt man durch Schwemmsand entstandenen Inseln Kaupe. Solche Kaupen sind meist nur durch einen Kahn, also auf dem Wasserweg erreichbar. Wie schön, dass man Wotschofska seit über 100 Jahren auch zu Fuß besuchen kann. Nach einer mit Meerrettich verfeinerten Senfgurkensuppe oder einem Zanderfilet im leider oft übervollen Biergarten könnt ihr vielleicht einen der Liegestühle ergattern und schauen, wie sich die Erlen im Wasser spiegeln.

Da es ja nur diesen einen Wanderweg nach Wotschofska gibt, könnt ihr euch auf dem Rückweg nicht verlaufen. Allerdings ist Brückenzählen angesagt, denn nach der fünften Brücke biegt ihr links in den Schlosspark ab. Ein etwas verstecktes Schild links weist euch den Weg. Geradewegs trefft ihr auf den mit Seerosenblättern garnierten SCHLOSSTEICH ❸. Augen auf, denn ein paar Bisamratten machen sich hier ein schönes Leben. Wir gehen links um den Teich, lassen den Campingbezirk rechts liegen und treffen auf eine Straße. Das hier zu sehende Ortschild verdient einen genaueren Blick: Noch einen Kilometer bis Lehde, heißt es dort. Aber auch alle sorbischen Namen sind aufgeführt. Dort heißt Lehde Lêdy, Lübbenau Lubnjow und der Spreewald heißt Blota. Übersetzt bedeutet »blota« nicht anderes als »die Sümpfe«.

Wir gehen natürlich nicht auf dem asphaltierten Weg, sondern parallel dazu auf einem von Stieleschen und Zitterpappeln gesäumten Waldweg nach Lehde. Einige Baumarten sind markiert und beschrieben und vor Lehde weisen Schautafeln auf fast alles hin, was uns hier erwartet. Es lohnt sich, später abseits unserer Route auf Entdeckungstour zu gehen, beispielsweise ins Gurkenmuseum. Doch vorher geht es ins FREILANDMUSEUM LEHDE ④, das älteste seiner Art in Brandenburg. Die drei historischen Spreewaldgehöfte solltet ihr unbedingt auf einer geführten Tour erleben. Wenn ihr wollt, könnt ihr waschen wie zu Großmutters Zeiten, in Holzschuhen laufen, im Heu träumen, melken oder euch darin üben, die Balken eines Spreewaldhauses ohne Hammer und Nagel zu fügen.

Zweigt von der Dorfstraße links in die Straße »An der Grobla ab, geht über eine Holzbrücke und schaut euch das Feuerwehrhaus samt Feuerlöschkahn von oben an. Zum Freilandmuseum geht es durch den Biergarten des Gasthauses Oppott.

Man könnte ein dickes Buch schreiben, über all das, was man im Freilandmuseum sieht, riecht, schmeckt und hört. Am meisten imponiert, wie die Menschen im Spreewald um 1840 auf engstem Raum

Die Parkseite des Schlosses Lübbenau,
das heute als Hotel genutzt wird

zusammenlebten. Ein Zimmer im Wohnstallhaus wurde genutzt als Wohnzimmer, Schlafzimmer, Esszimmer, Arbeitsraum, Kinderzimmer und vieles mehr. Ganz schön enge Zustände waren das damals mit bis zu zwölf Menschen in einem großen Bett. Übrigens, man schlief damals immer aufrecht sitzend, mit dickem Strohkeilkissen, aus Aberglauben, denn flach gelegen hat man nur auf dem Totenbett.

WAS BESONDERS INS AUGE FÄLLT, SIND DIE GEKREUZTEN SCHLANGENKÖPFE AN DEN DACHGIEBELN DER HÄUSER. SCHLANGEN, INSBESONDERE DIE RINGELNATTER, GELTEN IM SPREEWALD ALS GUTE HAUSGEISTER. DAS HAT EINEN GRUND. BEI HÄUFIGEM HOCHWASSER WÄHLEN SICH SCHLANGEN FÜR IHRE EIABLAGE INSTINKTIV GUT GESCHÜTZTE STELLEN AUS. DIE SPREEWÄLDER SCHAUTEN GENAU HIN UND WÄHLTEN DIESE STELLEN AUCH FÜR IHREN HAUSBAU.

Petroleum kannte man im Spreewalddorf nicht und Bienenwachs war zu teuer. Aber es gab einen besonderen Fisch, die sehr tranhaltige Quappe. Wenn es eine Überschwemmung gab, wurden diese dorschartigen Fische eingesammelt, getrocknet und abends angezündet. Es gab also Licht in Lehde, aber es hat in der Stube gestunken.

Den Weg zurück nach Lübbenau findet ihr leicht. Oben auf einer großen Holzbrücke könnt ihr euch vom Museumsdorf verabschieden. Über eine sehr schöne Dammallee geht es an einem Spreearm zurück nach Lübbenau. Südlich vom Schlosspark geht ihr geradeaus in die Dammstraße und im historischen Stadtkern nach links zurück zum Ausgangspunkt.

ALLES, WAS IHR WISSEN MÜSST

Rundtour: auf teils unbefestigtem Untergrund // **kinderwagentauglich**

Markierung: roter Punkt auf weißem Grund

Entfernung von: Berlin 96 Kilometer
ÖPNV: täglich 45 Züge von Berlin nach Lübbenau, Fahrtzeit eine knappe Stunde
Auto: Parkplatz an der Dammstraße 49a, 03222 Lübbenau

Einkehr: Gasthaus Wotschofska, Wotschofskaweg 1, 03222 Lübbenau // **Gasthaus Oppott,** An der Quodda 1, 03222 Lübbenau

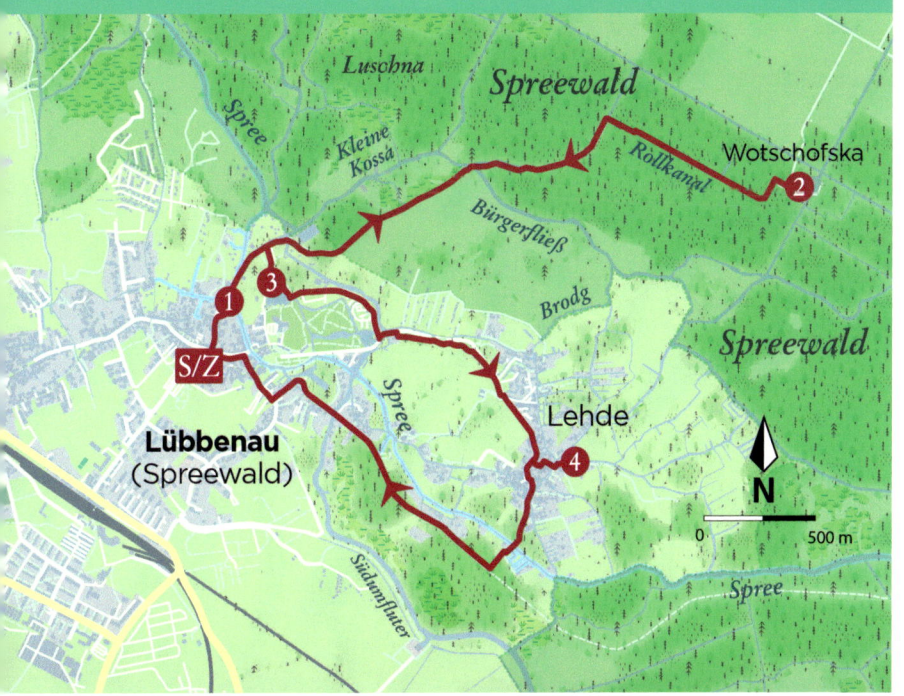

Kunstwanderweg Hoher Fläming

Schwierigkeit: schwer // 17 Kilometer // 173 Höhenmeter
Für Familien mit Kindern beschränkt geeignet

KUHEUTER WIE BOWLINGKUGELN
& WOVON TRÄUMEN
SCHLAFENDE BRÜCKEN?

Benannt ist die Region Fläming nach den flämischen Siedlern, die im 12. Jahrhundert in das bis dahin seit 500 Jahren von Slawen bewohnte brandenburgische Land kamen. Deshalb ist es eine wunderbare Idee, auf einem dortigen Kunstwanderweg neben deutschen auch flämische Künstlerinnen und Künstler erlebbar zu machen.

Die Dorfkirche in Borne

Der Kunstwanderweg Hoher Fläming verbindet auf zwei Routen die Bahnhöfe Wiesenburg/Mark und Bad Belzig miteinander. Wir wählen die Südroute sowie den Bahnhof in Bad Belzig als Ausgangspunkt und gehen aus dem Bahnhof kommend links hinunter. Nach 100 Metern geht's über die links abführende Pflastersteinstraße Am Bahnhof zum ROGER LOEWIG HAUS ❶. Bevor es in einer Linkskurve auf einer Brücke über einen Bahndamm und rechts in den Flämingweg geht, kommt ihr an eine große Tafel mit Informationen zum Internationalen Kunstwanderweg Hoher Fläming.

Das Museum und ehemalige Wohnhaus von Roger Loewig lohnt einen Besuch. Loewig gehörte neben den anderen mehrfach künstlerisch begabten Günter Grass und Christoph Meckel zum losen Kreis der Berliner Malerpoeten. Das erste Kunstwerk der Tour ist keine fünf Minuten von hier entfernt. »Axis Mundi II«, also Achse der Welt hat der Künstler Jens Kanitz es genannt. Die alternative Bezeichnung Himmelssäule klingt allerdings poetischer.

Bald habt ihr auf dem bislang sehr gut mit dem gelben Logo markierten Weg eine Panoramaaussicht auf die Burg Eisenhardt, die ihr durch einen Tunnel und die Wittenberger Straße erreicht. Vor der mächtigen Höhenburg auf dem Bricciusberg gibt es so viele Info- und Schautafeln, dass man sich hier ohne Mühe eine halbe Stunde lesend aufhalten könnte. Eine Burgbesichtigung bietet sich an.

Um zurück auf den Kunstwanderweg zu kommen, müsst ihr unten rechts in die Schloßstraße, dann an der Polizeistation vorbei Richtung Kurpark. Dort geht es nach links zu einem kleinen See und den Kunstwerken »Chronometrisches Relief« und »Die Weiße Frau«. Ihr erreicht diese Werke auch über den idyllischen, aber steilen Schlangenpfad, der links der Burg Eisenhardt nach unten führt, müsstet dann aber im Tal einen kurzen Abstecher nach rechts machen, um den See zu erreichen. Nach einer Weile teilt sich unser Kunstwanderweg die Strecke mit einem sehr spielerisch ausgelegten Naturlehrpfad. Die Ausschilderung aus Bad Belzig raus zeigt euch hier die noch 12,6 Kilometer lange Südroute nach Wiesenburg an. An einem schönen Schilfgürtel vorbei kommt ihr zum nächsten Kunstobjekt, den »Sphären«. Den drei Kugeln, die hier zu sehen sind, solltet ihr etwas Zeit widmen, denn in ihre Oberflächen hat die Künstlerin Marie-Christine Blomme aus Belgien Motive eingearbeitet. In der größten Kugel müsstet ihr die Pusteblume eines Löwenzahns erkennen können. In den beiden anderen sind die Schneespuren eines Tiers und die Kontur einer Rosenknospe eingraviert.

Wir folgen der ausgewiesenen Strecke nach Borne (5,5 km) auf einer geraden schattigen Waldstrecke, die uns dann auf einen langen schattenlosen Feldweg bringt. 3,7 Kilometer vor Borne wird es wieder waldig, und zwei Bänke samt Tisch bieten sich als Rastplatz an.

AUF DEM KUNSTWANDERWEG KANN ES IMMER WIEDER GESCHEHEN, DASS SICH DIE KUNSTWERKE SELBST AUF DIE WANDERSCHAFT MACHEN. DA SIE STARKEN WITTERUNGSEINFLÜSSEN AUSGESETZT SIND, MÜSSEN SIE ÖFTERS RESTAURIERT ODER INSTANDGESETZT WERDEN UND WANDERN DANN INS ATELIER. DER BETON-DESIGNER HENNING BECK MUSSTE NACH ZEHN JAHREN DIE KUNSTSTOFFHAUT DER KUHEUTER-PLASTIKEN AUFARBEITEN. DAS KUNSTWERK »FLÄMISCHES HAUS« WAR SCHON ÖFTER WEGEN FORSTARBEITEN GAR NICHT ODER NUR ZEITLICH EINGESCHRÄNKT ZU BESICHTIGEN.

Dort wo sich der Waldweg gabelt, weist die gelbe Markierung auf einer schlanken Holzstele vorab den Weg nach rechts über einige Holzstufen nach oben, die euch auf die Landstraße nach Wiesenburg bringen. Geht nach rechts, wechselt auf die andere Straßenseite, nach etwa 100 Metern zweigt links ein Waldweg ab. Kaum weitere 100 Meter ist rechts das Kunstwerk »Schwarzstorch« im Fläming des Niederländers Egidius Knops zu sehen.

Durch einen Kiefernwald kommen wir anschließend zu einem Kunstwerk, das unübersehbar und auch sehr imposant ist. Die FÜNF KUBEN ❷ des Berliner Künstlers Karl Menzen. Einer der rostroten Würfel ist bereits eine Allianz mit der Vegetation eingegangen, da sich einige Pflanzen ihren Weg ins schützende Innere des Kunstwerks gesucht haben. Die schräg stehenden Kuben repräsentieren fallende Würfel und damit eine Redensart, die auf unwiederbringlich Verlorenes verweist.

Die obere gelb-weiße Markierung zeigt den
Internationalen Kunstwanderweg im Fläming an

Beim Weiterwandern öffnet sich der Blick über die weiten, bis zum Horizont reichenden Felder. Wir kommen an wilden Pflaumenbäumen vorbei und sehen in der Ferne die Alleenbäume der Landstraße wie mit dem Lineal gezogen. In einem Waldstück sind alle Bäume vollständig mit Efeu bewachsen, einige der Bäume bilden einen baldachinartigen Tunnel über uns.

Über die Landstraße geht es in den Ort Borne mit seiner hübschen Feldsteinkirche und einer renovierten Bockwindmühle. »Line up« – das nächste Kunstwerk im Ort Borne ist entfernt worden, da es vollständig mit Moos bewachsen war. Keine Ahnung, ob es je wiederkehrt. Am Ortsende geht es am Atelier des Künstlers Victor Bisquolm vorbei. Ein schnurgerader gepflasterter Weg führt uns zum Werk »Stützen«, dessen zwei Formen sich nur durch ihr Eigengewicht Halt geben. Nach Wiesenburg sind es nun noch 4,5 Kilometer.

*Zwei Exponate des Kunstwerks »Fünf Kuben«
in der Himmelsgalerie des Hohen Fläming*

Wunderbar schlicht, aber sehr tiefgründig erscheint bald das nächste Kunstwerk unter einer großen Eisenbahnbrücke aus roten Ziegeln, die RUHENDE BRÜCKE **3**.

Vogelbeerbaum oder Eberesche

KUNST IM DIALOG MIT EINER EISENBAHN- BRÜCKE. EBENFALLS IN ROTEN ZIEGELN ERBAUT, JEDOCH WESENTLICH KLEINER, SPIEGELT DAS KUNST- WERK »RUHENDE BRÜCKE« IHR ORIGINAL AUF VERBLÜFFENDE WEISE. EINE BRÜCKE, DIE AUF DEM RÜCKEN LIEGT UND SICH AUSRUHT, WIE WUNDERBAR! SIE MUSS NICHT TRAGEN UND STÄNDIG LEISTUNG ERBRINGEN, SONDERN STRECKT ALLE ZWEI BÖGEN VON SICH. ES IST ZU FRAGEN: WOVON TRÄUMEN SCHLAFENDE BRÜCKEN? VON EINER WEITEN REISE VIELLEICHT.

Von der schlafenden Brücke sind es noch 3,7 Kilometer bis nach Wiesenburg. Es folgen im Freiluftatelier nun der recht unspektakuläre »Porzellanbaum« und dann »Die Wölfe«. Eine umso spektakulärere Inszenierung etwas abseits des Wanderwegs. Ein kleines metallenes Wolfsrudel, ein Wolf in Unterwürfigkeitsgeste, ein anderer in heulender Stellung, eine klassische Naturbeobachtung. Ein wirklich starker Auftritt.

Die wohl meistbeachtete Kunst-Inszenierung erreicht ihr, sobald ihr in Wiesenburg ankommt. Am Eingang des Ortes sind schwarzweiß gefleckte Kuheuter zu sehen, die wie Bowlingkugeln wirken.

KUNSTWERK HIMMELSSÄULE

SPAZIERENGEHEN 4

nennt sich dieses Kunstwerk von Silke de Bolle aus Belgien auf Deutsch und auf Flämisch »(K)uier(en)«. Mit den hier gesetzten Klammern weist die Künstlerin darauf hin, dass sich im flämischen Verb kuieren – spazieren gehen – »ein uier«, also Euter, als Wort verbirgt. Mit dem Begriff »spazieren gehen« ist das flämische und niederländische Wort kuieren zwar korrekt übersetzt, aber die schönere und bessere deutsche Entsprechung wäre »bummeln«. Ein Wort, das auch lautmalerisch dem kugelförmigen Euter-Kunstwerk eher entspricht.

Es wird euch sicher großen Spaß machen, in Wiesenburg noch einen Abstecher zum nahen Ententeich an der Hermann-Boßdorf-Straße zu machen und dann zum Schloss und Schlosspark zu bummeln. Den gut ausgeschilderten Bahnhof erreicht ihr vom Park aus in 15 Minuten. Wer diese Tour als Zwei-Tages-Wanderung anlegen möchte, kommt tags darauf auf der nördlich gelegenen, ebenfalls 17 Kilometer langen Kunstwander-Nordroute zurück nach Bad Belzig. Seit März 2023 ist auf der hier beschriebenen Südroute eine digitale Erlebniswelt hinzugefügt worden. Stichwort: Kunstwanderweg XR.

TIPP: *KINDERWAGEN-VARIANTE*

Die lange Strecke eignet sich leider nicht als Kinderwanderung. Ihr könntet allerdings mit dem Zug nach Wiesenburg fahren und eine kindgerechte Kurzwanderung zum Schloss, zum Entensee und den bummelnden Kuheutern unternehmen, 4 km.

ALLES, WAS IHR WISSEN MÜSST

Rundtour: auf teils unbefestigtem Untergrund //
Nur die Kurzwanderung ist kinderwagentauglich. //
Teilwanderung südliche Route: 17 km

Markierung: gelbes Feld mit drei Schlangenlinien,
Text oder GPS nutzen

Entfernung von: Berlin 90 Kilometer
ÖPNV: täglich 36 Züge vom Berliner Hauptbahnhof
nach Bad Belzig, Fahrzeit etwa eine Stunde
Auto: Am Bahnhof 7, 14806 Bad Belzig

Einkehr: Trattoria da Dino, Schloßstraße 2A,
14827 Wiesenburg/Mark // Übernachtung: **Landei-Wiesenburg,**
Hermann-Boßdorf-Straße 34, 14827 Wiesenburg/Mark,
Tel. 01577 6131780

Der Wutzsee bei Lindow

Schwierigkeit: mittel // 8 Kilometer // 64 Höhenmeter
Für Familien mit Kindern geeignet

HIMMELSLEITER – HEXENTANZPLATZ –
ELEFANTENBUCHT
UND EINE SCHÖNE NONNE

Auch wenn wir das Wort »lind« für zart und fein in der deutschen Sprache kaum mehr verwenden, so ist es doch in einigen Begriffen noch erhalten geblieben. Der Ort Lindow im Nordwesten Brandenburgs im Naturpark Stechlin-Ruppiner Land macht seinem Namen auf jeden Fall alle Ehre. Auf einer natürlichen Landzunge zwischen drei Seen und am Brandenburgischen Klosterwanderweg gelegen, haben hier Wanderer die Qual der Wahl, wo sie sich zuerst hinbegeben sollen. Mühsam und schwer sind die Wege um Lindow wahrlich nicht. Muße und Beschaulichkeit sind hier angesagt. Die für diese Wanderung angesetzten zwei Stunden werdet ihr sicher weit überschreiten. Nicht nur, weil gleich zu Beginn ein spannender Garten des Buches ins Reich der Heilkräuter einlädt, sondern vor allem auch, weil es auf unserer Tour um den Wutzsee einige schöne Badestellen gibt.

Im staatlich anerkannten Erholungsort mit der sehenswerten Barockkirche bietet sich die alte Klosterruine als Startpunkt der Wanderung an. Nur knapp fünf Gehminuten sind es von den Parkplätzen an der Hauptstraße bis zum ehemalige Zisterzienserinnenkloster. Bevor wir uns seinen Ruinen zuwenden, lockt ein Gang durch den kreisrunden Lehr- und Schaugarten. Der Name Garten des Buches wurde gewählt, weil alle Heilpflanzen, die hier gezeigt werden, bereits in der Bibel, im Koran oder im Tanach erwähnt werden. So könnt ihr zur Narzisse, Madonnenlilie und Bergtulpe auch gleich die passende Bibelstelle nachlesen. Auch der Schierling ist als giftige Arzneipflanze hier zu sehen. Viele werden vielleicht an den Schierlingsbecher denken, den Sokrates einst geleert hat, aber in der Volks- und Klosterheilkunde wurde der Schierling auch bei Muskel- und Gelenkrheuma eingesetzt. Sehr schön, dass trotz des christlichen

Ortes kein reiner Bibelgarten entstanden ist. Denn auch im Koran und in der hebräischen »Bibel«, dem Tanach, wimmelt es nur so vor heilenden Pflanzen und Kräutern.

Ein grünes Schild weist euch auf den Eingang ins ehemalige Klostergebäude hin. Viel ist leider nicht erhalten geblieben. Bereits 1638, also mitten im Dreißigjährigen Krieg, wurde das Kloster in Brand gesteckt. Das Gewölbe aus Kreuzrippen im ehemaligen Klausurgebäude müsst ihr euch leider vorstellen. Trotzdem wurde diese Ruine zu einem Wahrzeichen Lindows, denn Ausstrahlung hat dieser Ort immer noch.

Theodor Fontane machte das Kloster berühmt. In seinen Wanderungen durch die Mark Brandenburg hat er dem Kloster gleich fünf Seiten gewidmet und es sogar zum Schauplatz in seinem letzten Roman »Der Stechlin« gemacht. Aus dem Kloster Lindow wurde aller-

Die Skulptur der Schönen Nonne im Wutzsee wird auch gerne als Aussichtsplattform von Vögeln genutzt

dings im Buch das Kloster Wutz. Als Fontane einmal zu Recherchen ins Kloster kommen wollte, soll die Stiftschefin gefragt haben: »Von Tane? Diese Familie kenne ich nicht.«

Wir gehen nun hinunter zum See, den wir entgegen dem Uhrzeigersinn umrunden wollen. An einer kleinen Badestelle und einem Steg vorbei, der

SCHATTIGER WALDWEG

dicht von Schilf umstanden ist, seht ihr die nächste Attraktion des Ortes im Wasser stehen: DIE SCHÖNE NONNE ❶.

Gelassen und unerschütterlich steht sie hier im Uferwasser des Wutzsees. Meist von einem der Seevögel als Aussichtsplattform missbraucht. Natürlich liegt das Gewicht der über 2 Meter hohen, aus einem Monolithen geschlagenen Granitskulptur mit 1350 Kilogramm deutlich über dem Gewicht der wunderschönen Grafentochter Amelie, die diesem Kunstwerk einst als Vorlage diente.

AMELIE WURDE VON IHREN ELTERN IN DAS ZISTERZIENSERINNEN-KLOSTER GESCHICKT, UM SO DER NICHT STANDESGEMÄSSEN LIEBE ZUM ARMEN BAUERNSOHN JAKOB EIN ENDE ZU MACHEN. IM LAUFE DER JAHRE WURDE AUS DER NONNE AMELIE EINE KRÄUTERKUNDIGE HEILERIN. DOCH JAKOB WOLLTE NICHT AUFGEBEN, SCHABTE UND KRATZTE IHR EIN LOCH IN DIE KLOSTERMAUER. DER VERSUCH, SIE ZU BEFREIEN, SCHLUG FEHL. ABER MIT HILFE EINER LIST GELANG IHNEN SCHLIESSLICH DOCH DIE FLUCHT. NIEMAND WEISS ETWAS GENAUES ÜBER IHREN VERBLEIB.

Allerdings kam wenig später eine Heilpflanze, das Ameliekraut, in Umlauf, mit dem vielen Kranken geholfen werden konnte.

Wenn ihr euch vom Anblick der schönen Nonne losreißen könnt und euch umdreht, seht ihr an der ehemaligen, bereits 1530 erwähnten Klostermühle ein Wasserrad. Vieles an der Westseite des Wutzsees dreht sich ums Kloster, und so trägt auch eine idyllische Seeterrasse den Namen Klosterblick. Wer möchte, kann sich hier einen Angelkahn ohne Motor oder ein Boot mit E-Motor ausleihen. Benzinmotoren sind auf dem See verboten.

Die Straße, der ihr nun gegen den Uhrzeigersinn folgt, heißt Am Wutzsee. Ihr kommt an ein paar Privathäusern vorbei, aber noch nicht an den See selbst. Dafür werdet ihr später entschädigt. Versprochen. Denn die Natur und die Badestellen lassen nicht lange auf sich warten. Folgt dem ersten Hinweis samt Markierung für die Rundwanderung, einem grünen Querstrich, bis zur Naturbadestelle (0,5 km) und genießt die ferne Sicht auf das ehemalige Zisterzienserinnenkloster auf der anderen Seeseite. Ein Pluspunkt dieser Wanderung: Immer wieder bieten die Kronen von Kiefern und Eichen euch einen hervorragenden Sonnenschutz.

Ihr habt nun die Wahl, entweder links einem schmalen, oft zugewucherten Weg zu folgen oder aber rechts hinauf aufs Hochufer zu gehen. Entscheidet ihr euch für den Höhenweg, geht es plötzlich links steil hinunter zum HECHTBOGEN ❷, einer Badestelle mit einer schönen Liegewiese und einem Strandeinstieg zwischen schattigen Bäumen.

AM STEG HABT IHR 24 METER WASSERTIEFE AN DER TIEFSTEN STELLE. DIE DURCHSCHNITTSTIEFE DES WUTZSEES LIEGT BEI 16 METERN. ANGLER WISSEN VON KARPFEN VON 25 BIS 30 KILO ZU BERICHTEN. DIESE SCHEINEN HIER GANZ IN RUHE WACHSEN ZU KÖNNEN UND SCHWIMMEN AUCH GERN AM RAND DES SEES, WEIL SIE DORT SCHÖN GRÜNDELN KÖNNEN. DOCH ES GIBT AUCH BARSCHE, HECHTE, ZANDER UND WELSE IM WUTZSEE.

HOLZKUNST AM ENDE DER TOUR

Von der Badestelle aus könnt ihr rechts unten am See entlanggehen. Es folgt an der Elefantenbucht noch einmal ein kleiner Mini-strand, eine Einstiegsstelle ohne Liegewiese, aber mit Bäumen, die dicht am See stehen. Je mehr man sich dem Osten des Sees nähert, desto welliger wird wieder das Profil. Auf dem malerischen Waldweg verliert man den See eine Weile aus den Augen. An der Ostseite des Sees kommt ihr zur hölzernen BAUMGARTENBRÜCKE ❸, die hier den Zufluss vom Huwenowsee überquert. Ein Rastplatz lädt euch ein, an dieser Stelle den See in seiner ganzen Länge zu genießen.

Danach habt ihr wieder die Wahl, ob ihr den unteren oder den obe-ren Weg wählt. Vom Höhenweg aus habt ihr eine wirklich tolle Sicht auf den See. Beide Wege aber bringen euch durch einen Kiefernwald zum Aussichtspunkt HEXENTANZPLATZ ❹, an dem ihr etwas über die Tier- und Pflanzenwelt am Wutsee erfahren könnt. Der Hexentanzplatz ist ein Plateau, das euch eine grandiose Aussicht bietet. Drüben ist malerisch die Elefantenbucht zu sehen, rechts habt ihr sogar schon das Kloster im Blick.

An phantasievollen Namen mangelt es auf dieser Wandertour wirk-lich nicht. Schließlich kommt ihr bald sogar noch zu einer Liebes-insel. Die Nordseite des Wutsees ist botanisch weitaus abwechs-lungsreicher als die waldige Südseite. An einem Erlen-Birken-Bruch gelangt ihr ins Vogelschutzgebiet des Sees. An besonders romanti-schen Abschnitten begleiten euch Schilf, Farne und Sumpfpflanzen, immer wieder bringen die knallorangen Vogelbeeren beziehungs-weise Ebereschen Farbe ins Spiel. Auf dem letzten Abschnitt des Wegs kommt ihr an einem kleinen Kunstatelier vorbei.

ALLES, WAS IHR WISSEN MÜSST

Rundtour: auf teils unbefestigtem Untergrund // **bedingt kinderwagentauglich** // Keinesfalls die Badesachen und den Sonnenschutz vergessen! // **Achtung:** Was sich auf Infotafeln so euphemistisch Himmelsleiter nennt, entpuppt sich leider als sehr steiler Abhang mit ungesicherten Naturstufen. Gutes Schuhprofil ist hier gefragt, und man sollte sehr aufpassen, zumal das Geländer am Anfang auch nur rudimentär zu sehen ist. Bei Regen oder Schnee bitte meiden

Markierung: grüner Querstrich auf weißem Grund

Entfernung von: Berlin 80 Kilometer
ÖPNV: täglich sechs Züge vom Berliner Hauptbahnhof nach Lindow (Mark), Fahrtzeit etwa eine Stunde
Auto: mehrere Parkplätze an der Rheinsberger Straße, 16835 Lindow, Nähe Netto-Markt Klosterblick, Am Wutzsee 53, 16835 Lindow (Mark)

Einkehr: Klosterblick Lindow, Am Wutzsee 53

DURCHS STÖBBERTAL bei BUCKOW

Schwierigkeit: leicht // 7 Kilometer // 55 Höhenmeter
Für Familien mit Kindern geeignet

WO DIE LUNGE AUF SAMT GEHT
UND EIN FLUSS SICH
NICHT ENTSCHEIDEN KANN

Die nur 50 Kilometer östlich von Berlin gelegene Märkische Schweiz kann sich – trotz ihres Namens – keiner großen Gipfel rühmen. Wie auch, wir sind schließlich in Brandenburg. Anstelle von Bergen soll auf dieser entspannten, fast flachen Tour darum ein atemberaubend schönes Flüsschen im Mittelpunkt stehen und endlich die Wander-ehre erhalten, die ihm gebührt. Ihr könnt dieses außergewöhnliche Fließgewässer Stobber oder auch Stöbber nennen, beides ist korrekt. Zu unserem Glück trefft ihr im Stöbbertal nicht allzu viele andere Wanderer an. Wenn ihr später das Schildermeer auf der Strecke seht, könnt ihr ahnen, warum. Es gibt um Buckow herum unglaublich viele alternative Wander-Routen, von einer Eiszeitroute und einem Poetensteig über Floras Expeditionsroute bis hin zu einem märkisch alpinen Halbmarathon. Das spricht natürlich für die Beliebtheit der Region. Die vielleicht amüsanteste Wanderung, der 11 Kilometer lange Kalorienweg, begleitet uns ein Stück weit. Auf ihm könnt ihr erfahren, ob ihr kalorienmäßig auf eurer Wegstrecke bereits eine Bratwurst oder ein Glas Weißwein verbrannt habt. Es wird also si-cherlich auch für diejenigen von euch erkenntnisreich, die sich mit ihrem Hüftgold auseinandersetzen.

Kurz zu unserem Ausgangsort Buckow, dem ersten Kneippkurort Brandenburgs. Lohnend sind der Schlosspark, der Eiszeitgarten und das Strandbad am Schermützelsee. Als Luftkurort ist Buckow seit 200 Jahren bekannt. Poetisch ausdrucksstark schwärmte einst der Leibarzt des Preußenkönigs Friedrich Wilhelm IV.: »… in Buckow geht die Lunge auf Samt.«

Kreative kamen ab 1900 scharenweise nach Buckow, ob nun zum Kneip-pen, zum tiefen Einatmen oder Schreiben. Der Journalist und Schrift-steller Egon Erwin Kisch machte in Buckow seine täglichen Spazier-gänge. Künstler wie John Hartfield, Käthe Reichel, Bertolt Brecht und Helene Weigel lebten hier. Das Haus des Paares Brecht/Weigel am Ufer des Schermützelsees ist heute ein sehenswertes Museum.

Nun aber auf ins Stöbbertal zu unserem unentdeckten Juwel mit einem sehr verblüffenden Geheimnis.

Schillernder Eisvogel

DER STÖBBER IST EIN GANZ BESONDERER FLUSS, BEI DEM MAN SICH FRAGEN MUSS, WAS PASSIERT EIGENTLICH, WENN SICH EIN FLUSS NICHT ENTSCHEIDEN KANN? ER KOMMT IM LAUFE SEINES LEBENS AN EIN HINDERNIS, EINEN BERG BEISPIELSWEISE, UND STEHT DANN VOR DER WAHL: RECHTSHERUM ODER LINKSHERUM? SO ETWAS SOLL JA VORKOMMEN. BIFURKATION NENNT SICH DAS PHÄNOMEN, WENN DER FLUSS SICH NICHT FÜR EINEN WEG ENTSCHEIDET, SONDERN TEILT UND EINFACH BEIDE MÖGLICHKEITEN WAHRNIMMT. DER STÖBBER IST SO EIN KANDIDAT. EIN INTERESSANTES FLÜSSCHEN, DAS LETZTLICH SOWOHL IN DIE OSTSEE ALS AUCH IN DIE NORDSEE MÜNDET.

Als Start für die Tour empfiehlt sich das Naturpark-Besucherzentrum Schweizer Haus. In einer spannenden Animation erfahrt ihr hier, wie sehr die Eiszeit die Landschaft der Märkischen Schweiz geprägt hat. Die typischen oder gefährdeten Tiere hier in Originalgröße zu sehen, ist der beste Appetizer für unsere Tour. Um einen Biber oder Seeadler zu Gesicht zu bekommen, empfiehlt sich eine Rangertour, die ihr hier buchen könnt. Vom Schweizer Haus aus ist das nächste, sehr erfrischende und wohltuende Highlight an der Malzmühlenbrücke nur einen Steinwurf entfernt.

Nicht nur Kinder und Jugendliche lieben die KNEIPP-WASSER-TRETSTELLE ❶. Gleich an der Brücke heißt es, die Schuhe und Strümpfe auszuziehen und sich die Knöchel vom kühlen, sanft dahinströmenden Stöbber massieren zu lassen. Damit ihr beim Wassertreten und Fußbad nichts falsch macht, gibt es an der Einstiegstelle eine detaillierte Anleitung. Buckow ist der einzige anerkannte Kneippkurort Brandenburgs und hat insgesamt sechs Wassertretstellen an natürlichen Gewässern.

Fußerfrischt wenden wir uns nach rechts und betreten unseren Wanderweg Richtung Tornower See und Pritzhagener Mühle. Ein Künstler hat gleich am Anfang der Strecke eine der Attraktionen dieser Wildnis verewigt und lässt in einem Graffito einen Eisvogel aus dem Wasser aufsteigen. Gegenüber gibt es einen Hinweis auf die hier entspringende Güntherquelle. Achtung: Schon ganz am Anfang empfiehlt es sich, gleich rechts dicht am Wasser entlangzugehen, also etwas zu »stöbbern«, wie man auf dieser Wanderung schön sagen kann. Der linke, sogenannte Hopfenweg, führt ebenfalls zur Pritzhagener Mühle, doch der Weg dicht an der Stöbber entlang ist wesent-

Biber legen nicht nur, wie hier zu sehen, Dammbauten an,
sondern verstehen sich auch auf das Anlegen künstlicher Teiche

WOHLGENÄHRTER BIBER

lich spannender und hat mehr Attraktionen zu bieten. Bleibt, solange es geht, so dicht am Stöbber (Markierung roter Punkt) wie möglich.

Dann werdet ihr sicherlich bald die angenagten oder gefällten Bäume mit ihren markanten Bissspuren sehen und wissen, hier waren Biber am Werk. Auch mit umgestürzten Bäumen, die sich über den Stöbber gelegt haben, können diese genialen Baumeister viel anfangen. Im 19. Jahrhundert wurde der Biber fast ausgerottet und konnte nur sehr langsam wieder angesiedelt werden.

Hier in der Wildnis ist für die Biber alles erlaubt, was in intensiv genutzten Kulturlandschaften und Nutzflächen nicht möglich wäre. Eindeutig ein Vorteil für den größten europäischen Nager, der hier Bäume fällen darf, die einfach liegen bleiben, der Bäche aufstauen kann und dem Gewässer damit so einen ganz eigenen wilden Charakter verleiht. An der BIBERBURG ② fühlen sich nicht nur die Baukünstler, sondern auch – aufgepasst – Schlangen und Eisvögel wohl. Euch eine genaue Ortsangabe für die Biberburg zu geben, ist schwierig, aber hoffentlich werdet ihr entlang des Stöbber Biberburgen, zumindest aber Biberdämme sehen können.

IN DER MÄRKISCHEN SCHWEIZ LEBEN ALLEIN 53 VON 75 IN DEUTSCHLAND VERTRETENEN LIBELLENARTEN UND IM TAL DES STÖBBER SIND AUCH IM OKTOBER NOCH LIBELLEN ZU SEHEN. AUF DEN UFERWIESEN DES FLÜSSCHENS BRÜTEN DIE LETZTEN BEKASSINEN DER MÄRKISCHEN SCHWEIZ UND IM WASSER TUMMELN

SICH STEINBEISSER UND GRÜNDLINGE. DER BIBER
IST DER ARCHITEKT DIESER NATUR. ES GAB MEHRERE
GRÜNDE, WESHALB ER IM 19. JAHRHUNDERT FAST AUS-
GEROTTET WURDE. SEIN FLEISCH WAR BELIEBT, GALT
DER BIBER DOCH SEINERZEIT ALS FISCH UND DURFTE
AUCH IN DER FASTENZEIT GEGESSEN WERDEN.
MAN JAGTE IHN WEGEN SEINES KOSTBAREN FELLS
UND LETZTLICH WEGEN EINES SEKRETS, DES BIBER-
GEILS, DAS MAN ALS POTENZSTEIGERND ANSAH.

Kommt ihr an eine winzige hölzerne Bogenbrücke ohne Geländer, dann lasst euch vom Hinweis des Kalorienwanderwegs nicht entmutigen, der uns hier sagt, eine Flasche Bier (150 Kalorien) entsprächen 30 Wanderminuten. Für die gleiche Menge Vollmilch müsstet ihr so-

Ein lohnenswertes Ziel: die Pritzhagener Mühle und ihre Fischspezialitäten

gar ein wenig länger wandern – doch beeinflusst natürlich auch die Intensität des Wanderns, wie viel ihr verbrennt. Ein kurzer Abstecher zum KLEINEN TORNOWSEE ❸ und zum Echostein (circa 15 Minuten) ist auf jeden Fall empfehlenswert, schaut nur zu, dass ihr wieder an den Stöbber zurückkommt. Es geht mitunter sehr wild zu am Flüsschen, doch auch der Schilderwald treibt es oft wild. An einer Stelle zählt man über 20 verschiedene Destinationen. Sie weisen uns auf Europäische Wanderwege, den Fontaneweg TK3, den Natura Trail und viele andere hin. Lasst euch gern von dieser Vielfalt inspirieren, die man positiv auch als Ausdruck für die Beliebtheit diese Wanderregion interpretieren kann. Wir folgen dem Wegweiser mit dem roten Punkt.

Der Kalorienweg, auf dem wir uns immer noch befinden, lässt vielleicht mit seinem nächsten Motiv, einer Bratwurst, so manchem das Wasser im Mund zusammenlaufen. Doch unser Ziel, die PRITZHAGENER MÜHLE ❹, ist vor allem für ihre Fischspezialitäten bekannt und liegt einsam und idyllisch mitten in der Natur. Der Innenraum des im schwedischen Landhausstil errichteten Hauses ist im Ambiente der 1920er und 1930er Jahre gestaltet. Der weitläufige Garten lädt bei schönem Wetter zum Verweilen ein.

Die Mühle wurde 1375 urkundlich erstmals erwähnt und gilt damit als eine der ältesten Gaststätten der Märkischen Schweiz. Im Dreißigjährigen Krieg wurde sie völlig zerstört und 1650 wieder aufgebaut. 1827 erhielt sie eine königliche Schankerlaubnis. Die Mühle selbst befindet sich übrigens auf Buckower, die Gaststätte auf Pritzhagener Gebiet, wobei der Stöbber die Grenze bildet.

Auch auf dem gut ausgeschilderten Rückweg zum Schweizer Haus in Buckow solltet ihr immer dem sanften Plätschern des Stöbber folgen.

ALLES, WAS IHR WISSEN MÜSST

Rundtour: auf teils unbefestigtem Untergrund //
kindgerecht und seniorengerecht //
nicht kinderwagentauglich

Markierung: waagerechter hellblauer Strich und roter Punkt

Entfernung von: Berlin 52 Kilometer
ÖPNV: Regionalbahn RB 26 von Berlin-Lichtenberg
über Rehfelde bis Müncheberg, dann Bus 928
nach Buckow (Märkische Schweiz)
Auto: Naturpark-Besucherzentrum Schweizer Haus,
Lindenstraße 33, 15377 Buckow (Märkische Schweiz)

Einkehr: Pritzhagener Mühle,
Lindenstraße 74, 15377 Oberbarnim

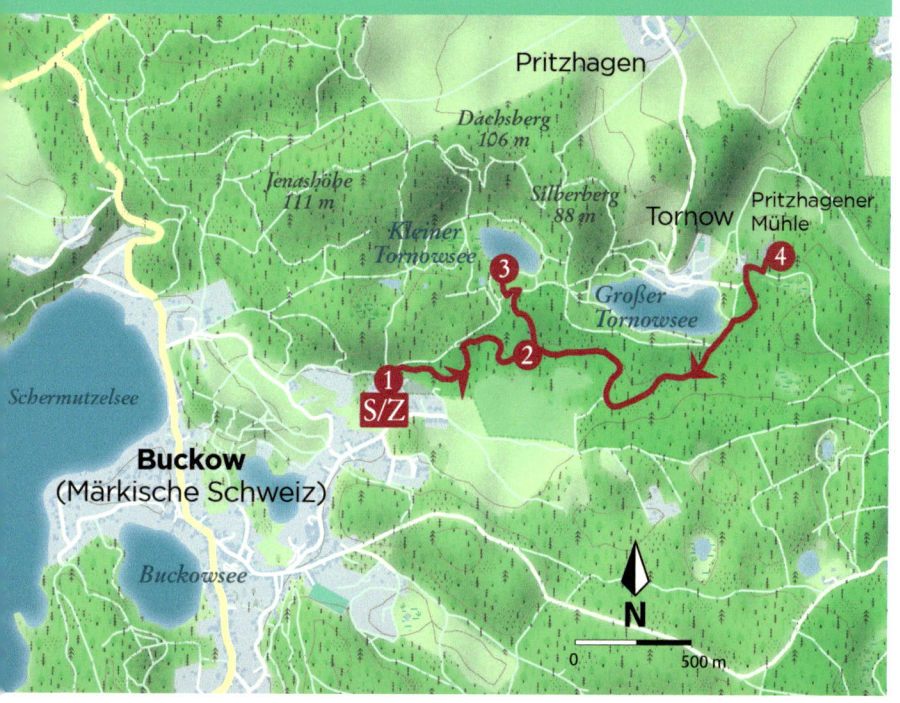

Durchs wilde Schlaubetal

Schwierigkeit: mittel // 5 – 16 Kilometer // 87 Höhenmeter
Für Familien mit Kindern beschränkt geeignet

VON DER RAGOWER MÜHLE
ZUM JAGDHAUS SIEDICHUM

Keine Frage, das Schlaubetal im Herzen des gleichnamigen Naturparks gilt als das schönste Bachtal Brandenburgs. Dabei ist die Schlaube weitaus mehr als nur ein Bach. Sie ist ein Magier, ein Verwandlungskünstler, ein Wunder. Zauberhaft, zu welchen Metamorphosen sie fähig ist. Auf unserer

FORSTHAUS SIEHDICHUM

Wanderung wird sie zum Fluss, zum Sumpf, zum See. Ein Gewässer in allen möglichen Zuständen. Kein Wunder, dass die Schlaubetal-Tour als Qualitätswanderung zertifiziert ist und schon mehrfach für die Kategorie schönster Wanderweg Deutschlands nominiert wurde. Glücklicherweise aber erweist sich die Wanderung durchs Schlaubetal, trotz aller Auszeichnungen, als idyllisch und ruhig. Von Massenansturm keine Spur.

Wenn der Name nicht schon vergeben wäre, könnte man die Wanderung entlang der Schlaube auch Mühlenwanderung nennen. Seit Jahrhunderten wurden entlang des Gewässers Wassermühlen betrieben. Zumindest drei davon werdet ihr sehen. Falls ihr aber nach unserer Appetizer-Tour später mehr vom Schlaubetal erkunden wollt, wäre die 80 Kilometer lange Sechs-Mühlen-Wanderung empfehlenswert, die sich in fünf Tagesetappen unterteilt.

Schaut euch anfangs bitte im hübschen Erholungsort Müllrose um, der als Tor zum Schlaubetal gilt. Bummelt zum stadteigenen See, dessen Nordufer von einer ausgedehnten Promenade gesäumt wird. Die Sommerkonzerte auf der Seebühne sind mehr als nur eine Reise wert. Am zentralen Markt gibt es ein sehr gutes Bäckerei-Café und eine ebenso gute Schlaubetal-Information. Wichtig, sich hier auf den neuesten Stand zu bringen, denn unser Wanderziel, die schöne, vor 500 Jahren erbaute Bremsdorfer Mühle, war im Mai 2022

SeeRosenPaRaDies SchlauBetal

abgebrannt. Die Besitzer aber lassen sich nicht entmutigen und bauen das Kulturdenkmal wieder auf.

Los geht unsere Tour an der RAGOWER MÜHLE ❶. Einige von euch werden sich vor der Wanderung sicher noch ein wenig in deren Biergarten umschauen wollen. Hebt euch eventuellen Hunger aber für die Terrasse des Gasthauses Siehdichum auf, das wir in zwei Stunden erreichen. Neben dem hübschen Teich und den Enten ist an der Ragower Mühle ein aus 1000 Robinien errichtetes Labyrinth und ein Naturerlebnispfad sehenswert. Doch auch das dortige Museum hat seine Reize.

DIE NOCH VOR 1508 ERBAUTE WASSERMÜHLE AM WESTUFER DER SCHLAUBE WAR URSPRÜNGLICH EINE GETREIDEMÜHLE. IM LAUFE DER JAHRHUNDERTE WURDE SIE AUCH SCHNEIDEMÜHLE, SÄGEMÜHLE UND ÖLMÜHLE. MITTLERWEILE IST DIE ZUR GEMEINDE SIEHDICHUM GEHÖRENDE MÜHLE ALS TECHNISCHES DENKMAL ANERKANNT. DAS HEISST, SIE SPIEGELT EINEN WICHTIGEN ASPEKT DER TECHNIKGESCHICHTE. DIE RAGOWER MÜHLE IST DIE EINZIGE DES SCHLAUBE-TALS, IN DEM DIE URSPRÜNGLICHE, HISTORISCHE MÜHLENTECHNIK NOCH ZUM EINSATZ KOMMT.

Wir haben die Wanderung im Norden begonnen und folgen der Schlaube, die hier noch Bächlein ist, durch schattigen Laubmischwald in südlicher Richtung. Die Wegmarkierung ist ein blaues S auf weißem Grund. Anfangs präsentiert sich die Schlaube im Naturpark als sanfter Wiesenbach, wird aber immer wilder und ursprünglicher, je weiter ihr in den Süden kommt. Seid nicht enttäuscht, wenn ihr die Schlaube im Verlauf dieses Abschnitts mal aus den Augen verliert und linkerhand nur als Schilfgürtel und gluckernden Schluchtbach erahnen könnt.

Ärgerlich ist allerdings, die Mittelmühle auf Wegweisern anzuzeigen, ohne Hinweis darauf, dass sie bereits 1970 wegen Baufälligkeit abgerissen wurde und sich dort nur noch Mauerreste befinden. Der auf Schildern angezeigte Abstecher lohnt nicht.

In KUPFERHAMMER **2** stößt der Waldweg auf eine abfallende Pflastersteinstraße, links geht es unten über eine Brücke und dahinter gleich rechts wieder auf den Wanderpfad.

Fast wie Märchen: die idyllische Bremsdorfer Mühle vor dem großen Brand. Ein guter Start- und Endpunkt für Wanderungen

KUPFERHAMMER IST KEIN ORTSNAME, SONDERN STEHT FÜR DIE EINSTIGE MÜHLE UND HEUTIGE GASTWIRTSCHAFT. DIE MÜHLE FUNGIERTE IM MITTEL-ALTER ERST ALS KUPFER- SPÄTER ALS EISENHAMMER-WERK UND VERARBEITETE DEN IM SCHLAUBETAL GEWONNENEN RABENEISENSTEIN. KAUM BEKANNT IST DER EHEMALIGE WEINBERG, DER DIREKT NEBEN DEM WERK ZUR HERSTELLUNG VON SCHMIEDEEISEN ZU FINDEN WAR.

Nichts erinnert in Kupferhammer heute mehr an den Weinberg und die damalige Rabeneisensteinzeit. Auch die im 18. Jahrhundert existierende Walkmühle zur Tuchfabrikation hat keine Spuren hinterlassen. Allerdings eignet sich Kupferhammer hervorragend als

Der wilde Charakter des Schlaubetals: Umgefallene Bäume als »Naturbrücken« für Insekten und Kleintiere

Startpunkt einer kürzeren, rund 11 Kilometer langen Variante unserer Rundwanderung. Oben auf einer Anhöhe findet ihr einen großen Waldparkplatz. Der Weg hinunter zur Schlaube ist ausgeschildert.

SILBERREIHER

Kaum seid ihr an der Kupfer- hammer-Brücke auf den ab- schüssigen Pfad eingebogen, beginnt die Schlaube direkt neben euch zu plätschern und zu sprudeln. Es geht nun eine ganze Weile dicht an der Schlaube entlang, die sich hier aufregend und wild gebärdet. Das ändert sich dann am Schulzenwasser, einem See mit zwei Inselchen, der von der Schlaube durchflossen wird. Der Fluss zeigt uns hier seine vielen Gesichter. Ruhig und träge fließt er auch danach noch dahin. Die Wasserökologen nennen das etwas sperrig: seeausflussgeprägtes Fließgewässer. Man könnte es auch urig nennen. Bäume liegen samt ihren Wurzeln quer über der Schlaube im Was- ser. Als seien sie gerade aus der Uferböschung rausgebrochen, klebt noch die frische Erde an ihnen. Der Wanderpfad macht waldein- wärts einen kleinen Schlenker um die entstandene Lücke am Ufer. Man könnte quasi über den Baum ans andere Ufer laufen, was wir natürlich sein lassen.

Viele Details, die hier beschrieben werden, können im Schlaubetal morgen völlig anders aussehen, wenn ein Starkregen oder ein Biber am Werk war. Eine wilde Welt in ständiger Veränderung. Was bleibt ist die Ruhe, die Schwanenfamilie am Langen See, die in der Sonne glitzernden Röhrichtgürtel, die Fischotter, die knallgelben Sumpf- dotterblumen, die Orchideen und Schmetterlinge. Über 700 Arten soll es inzwischen wieder geben.

Breiter, weiter und ruhiger wird das Wasser nun entlang unseres Wan- derwegs. Die Schlaube versteckt sich mal wieder unter den Seerosen-

SCHILFGÜRTEL IM SCHLAUBETAL

teppichen im Großen Schinkensee. Ihr steigt den Pfad in den Wald hoch, kommt an einem Ruheforst mit zwei imposant schrägen Holzmadonnen vorbei und geht die Straße hinauf zum FORSTHAUS SIEHDICHUM ❸. Im Jahr 1771 vom Abt des Klosters Neuzelle als kleiner Jagdsitz erbaut, legt das Gebäude heute als Ausflugslokal einen rundum prächtigen Auftritt hin. Der Name Siehdichum soll einst als warnender Hinweis am Jagdhaus gehangen haben. Die düsteren Sümpfe und Moore verbreiteten im 16. Jahrhundert rund um den Kleinen Schinkensee und Hammersee sicherlich Furcht und Schrecken.

Nehmt euch hier Zeit, genießt auf der Terrasse den wunderschönen Blick auf den südlich gelegenen Hammersee. Ein zart gegarter Wildbraten, dazu eine kühle Schorle und dieser phantastische See- und Waldblick. Traumhaft.

Wenn die BREMSDORFER MÜHLE ❹ nach dem Brand wieder aufgebaut ist, wird die 11 Kilometer lange Wanderung südlich des Hammersees zu einem absoluten Muss.

Tipp: *VARIANTE STARTPUNKT SIEHDICHUM*

Kurzbesucher des Schlaubetals, die mit dem eigenen Fahrzeug anreisen, sollten von all den im Infokasten empfohlenen Varianten diejenige bevorzugen, die das Jagdhaus Siehdichum als Ausgangspunkt hat. Es ist gut erreichbar und bietet einen großen, kostenlosen Parkplatz. Der Schnupperkurs Schlaubetal führt dann zur Ostseite des Hammersees hinunter. Ihr umrundet den See auf einer schönen 5 Kilometer langen, sehr idyllischen, leichten Strecke.

Alles, was ihr wissen müsst

Rundtour: auf teils unbefestigtem Untergrund //
Variante I: Vom Parkplatz an der Ragower Mühle zum Forsthaus Siehdichum und zur Bremsdorfer Mühle und retour (16 km) //
Variante II: Von Kupferhammer aus zum Forsthaus Siehdichum und wahlweise um den Hammersee und retour (11 km) // **Kurz-Variante III:** Das Jagdhaus Siehdichum bietet sich auch als Ausgangspunkt einer Seen- und Schlaubewanderung an. // **nicht kinderwagentauglich**

Markierung: blaues S auf weißem Grund

Entfernung von: Berlin 98 Kilometer
ÖPNV: nicht empfehlenswert
Auto: Schlaubetal-Information, Markt 5, 15299 Müllrose; Ragower Mühle, Ragower Mühle 1, oder Parkplatz Kupferhammer, 15890 Siehdichum

Einkehr: Forsthaus Siehdichum, Siehdichum 2, 15890 Siehdichum //
Bäckerei-Café Dreißig, Markt 9, 15299 Müllrose

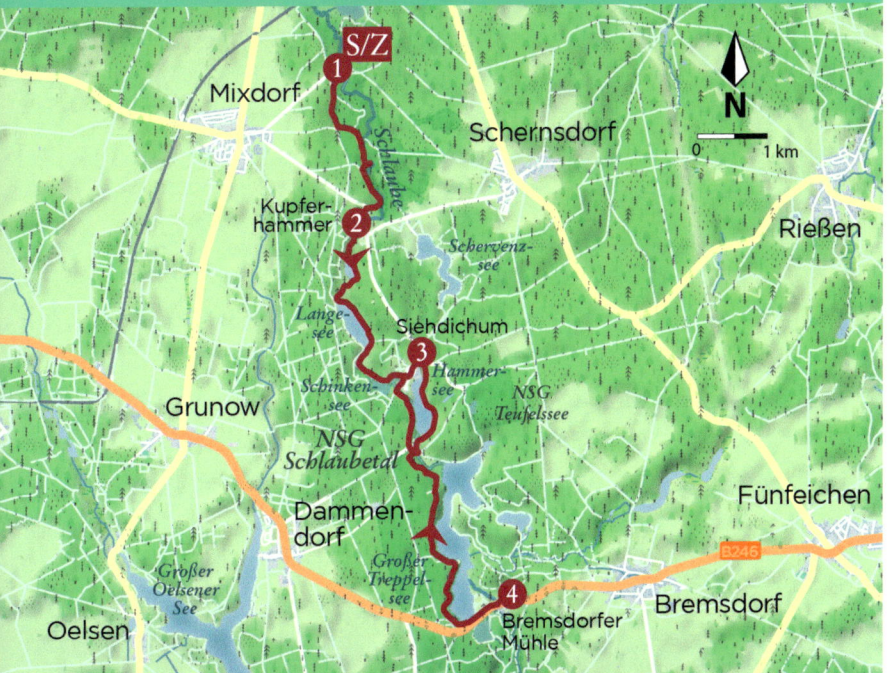

Rund um den Roofensee

Schwierigkeit: leicht // 7 Kilometer // 88 Höhenmeter
Für Familien mit Kindern sehr geeignet

*AB IN DIE WILDNIS:
DSCHUNGELFEELING UND TRAUMSTRÄNDE
IM NATURPARK STECHLIN*

Der Roofensee gehört zu den weitgehend noch unbekannten Wundern. Ein See, an dem sich bereits nach einer Stunde Wandern ein Amazonasfeeling einstellt. Umso mehr erstaunt es, wie wenig Menschen bislang von diesem Dschungel, dem kristall-

klaren Wasser und der unberührten Natur gehört haben. Somit gehört der Roofensee glücklicherweise zu den seltenen Gewässern im weiteren Umland Berlins, die von den Massen (bislang noch) nicht angesteuert werden. Während man an einem Wochenende mit dem Auto rund um den Stechlinsee kurvt, dem dank Theodor Fontane wohl bekanntesten See Brandenburgs, aber selbst am frühen Morgen dort keinen Parkplatz mehr ergattern kann, gibt es keine 10 Kilometer davon entfernt, am wunderbaren NATURPARKHAUS ❶ in Menz am Roofensee, meist noch jede Menge freie Plätze.

Dieses Informationszentrum ist denn auch der ideale Ausgangspunkt für unsere Wanderung. Einen Besuch im Sinnesgarten des Natur-ParkHauses solltet ihr keinesfalls verpassen. Einmal die Nase tief in die Hochbeete des Riechgartens stecken, bitte, und in den Duft von wilden Malven, von Currykraut und Muskatellersalbei eintauchen. Der Garten ist ein Abenteuerspielplatz der Natur mit vielen Kräutern, Hummelkästen, Wildbienen und Nisthilfen für Mauersegler, Bachstelzen und Rotschwänze.

Nehmt euch noch die Broschüre des Wald- und Wassererlebnispfades Menz mit. Immer mal wieder werden wir auf dem Rundweg an den durchnummerierten Stationen des Erlebnispfades vorbeikommen. In der Broschüre des NaturParkHauses sind alle Haltepunkte ausführlich beschrieben und bebildert, ergänzt mit kindgerechten Rätseln und Aufgaben.

Lasst uns nun den Rucksack schultern, in den ihr hoffentlich auch Getränke und – ganz wichtig – Badesachen eingepackt habt. Wir umrunden den Roofensee gegen den Uhrzeigersinn.

Die Wegemarkierung der Rundwanderung ist ein rapsgelber Kreis auf weißem Untergrund. Die 32 Markierungen am See erlauben ein entspanntes Wandern ohne langes Suchen. Schräg über den Friedensplatz, dann links zur Straße Am Roofensee geht es nach unten zu einer kleinen Brücke, die Tippelbrücke genannt wird. Die hier zu sehenden Schilfgürtel und Überläufe des Polzowkanals sind ein beliebter Ort für Kinder, um auf ökologischen Exkursionen in Ruhe Frösche und Libellen zu studieren.

Nach der Brücke geht es gleich scharf nach links in die Wasserwildnis. Es lohnt sich, hier vom Hauptweg abzuweichen, weil der Pfad am Wasser viel schöner und abenteuerlicher ist. Lasst euch nicht

Schmale, urige, von Schilf gesäumte Waldwege
führen vom See unter schattige Baumkronen

irritieren, die Pfade sind teilweise ziemlich zugewuchert, aber
Stege und Bohlenwege bringen
euch – immer rechts am See entlang – sicher durchs Schilf und
den Uferwald.

Die Allianz, die der Wald und
der See auf unserer Wanderung
eingehen, ist wirklich einmalig.
Auch das Logo des Wald- und
Wasser-Erlebnispfads bringt
das sehr schön zum Ausdruck.
Immer wieder begegnet uns

Bootssteg am Roofensee

dieses Baumsymbol, dessen blau gefärbte Krone die Umrisse des
Roofensees abbildet. Beispielsweise auf der Station 4 des Erlebnis-
pfads, die durch einen Guckkasten die Kletterwurzeln eines Efeus
in den Blick nimmt.

Über eine Wiese gelangen wir an einer Bucht zur ersten BADE-
STELLE ❷ unserer Wanderung. Im Gegensatz zur belebten Badestelle am südlichen Ufer ist dieser, hinter Bäumen versteckte
Einstieg, vor allem Einheimischen bekannt. Eine kleine Liegewiese
und Sitzbänke laden hier zum Sonnenbaden ein. Es folgt ein kurzes
Forsthaus- und Villen-Intermezzo, danach führt uns ein Pfad wieder dicht am Wasser entlang. Wir haben eine weite Sicht über den
lang gestreckten See bis ans andere Ufer, sehen bunte Boote und
immer wieder lange Stege, die in den See ragen. Anfangs sind leider
auch private darunter.

Je weiter wir uns von Menz entfernen, desto einsamer und idylli-
scher werden die Badestellen. Dort, wo sich die Bäume im Wasser
spiegeln, ist das Schwimmen am schönsten. Immer wieder gibt es
kleine Zugänge zwischen dem Schilf. Die vielen Wurzeln auf dem
Weg machen das Wandern urig, zeigen aber auch, kinderwagengerecht geht es hier wirklich nicht zu.

Die Naturverwaltung am Roofensee unterstützt übrigens die Wespen, die sich gern von Bremsen und Schnaken ernähren. Für uns Wanderer ist das wunderbar. Stechmücken? Wie bitte? Wo denn? Aus den Augen, aus dem Sinn.

PLATTFORM SCHLEUSENWIESE

GERADE IN WASSERNÄHE SIND DIE MÜCKEN OFT PLAGEGEISTER. ÖKOLOGISCH GANZHEITLICH GEDACHT, BESTEHT ABER EINE NATURBEWUSSTE MÖGLICHKEIT, SIE LOSZUWERDEN. DENN WESPEN LIEBEN FLIEGEN, BLATTLÄUSE, RAUPEN UND KÄFERLARVEN. SCHWÄRMEN WESPEN AUS, UM STECHMÜCKEN ZU ERBEUTEN, SIND SIE QUASI EIN NATÜRLICHES »SCHADINSEKTEN-VERNICHTUNGSMITTE«. MÜCKEN UND DEREN LARVEN SIND AUCH EINE WICHTIGE BEUTE FÜR SPINNEN, FISCHE, AMPHIBIEN, LIBELLEN UND VÖGEL. ALSO SOLLTE MAN AN DEN BADESTELLEN AM ROOFENSEE DARAN DENKEN, WELCH WICHTIGE ROLLE IM ÖKOSYSTEM AUCH STECHMÜCKEN SPIELEN KÖNNEN.

Am Erlebnispunkt Nummer 7, der gut ausgeschildert ist, steht eine Orgelpfeifenbuche. Nach unten hin fährt dieser Baum fast mangrovenartig seine krallenartigen Wurzelarme aus, um sich besser im Ufergelände zu verankern. Nach oben ragen die einzelnen Stämme wie Orgelpfeifen in den Himmel. Es gibt zwei Versionen, wie diese seltsame Buche zustande kam. Ein Reh könnte einst die Spitze abgebissen haben, sodass sie in alle Richtungen austrieb. Oder aber die jungen Buchen standen schon immer so dicht zusammen und wuchsen dann eng umschlungen und gemeinsam in die Höhe. Nachdem wir an einem kleinen Zeltplatz vorbeigekommen sind, werden die Waldhänge entlang des Wanderwegs immer steiler.

Bevor wir uns auf dem Moorerlebnispfad dem atemberaubenden Höhepunkt dieser Tour nähern und in einen unglaublichen Dschungel eintauchen, erreichen wir erst einmal die SCHLEUSENWIESE ③. Ein durch die Verlandung einer Bucht des Roofensees entstandenes, blühendes und summendes Feuchtwunder mit mehr als 50 verschiedenen Pflanzenarten. Bald darauf erreicht ihr die moorigen Wunder. Ihr werdet Buchen und Eichen am Ufer sehen, deren überhängende Zweige den Seespiegel berühren. Immer wieder kippen Bäume, die zu dicht am Ufer stehen, einfach Stamm über Krone in den See. Totholz wird hier einfach liegen gelassen und damit für Pilze, In-

Am Bruchwald bekommt diese Wanderung Urwaldcharakter und zeigt die Farbe Grün in all ihren Variationen

KÜNSTLERHOF ROOFENSEE

sekten, Vögel und Säugetiere zu Lebendholz. Tatsächlich ist der Übergang vom Leben zum Tod in der Moorlandschaft, die ihr nun erleben werdet, fließend. An der nordwestlichen Spitze des Roofensees kommt dann Regenwald-Feeling auf. Wir befinden uns nun im sumpfigsten Abschnitt der Seewanderung. Sattgrün leuchtet das dicht bewachsene Wasser AM BRUCHWALD ④, als gebe es keine andere Farbe auf der Welt als entengrützig. Kommt im Frühjahr noch einmal hierher. Dann wird der dunkelgrüne Wald zusätzlich durch die riesigen gelben Blüten der Sumpfschwertlilie zum Leuchten gebracht.

Über eine kleine Holzbrücke geht es über den Polzowkanal und vorbei am Moor in einem kleinen Linksbogen zur anderen Uferseite. Wer möchte, kann alternativ auf dem Moorerlebnispfad an vielen abgestorbenen Bäumen entlang nach Westen wandern und am Kesselmoor erleben, wie Torf entsteht. Wir allerdings genießen den schattigen Uferweg an der Süd- und Westseite des Sees.

Auch hier fällt der Wald oft steil in den See. Dieser Teil des Pfades ist sehr ruhig. Nur der Wind raschelt in den Blättern. Eine Buche neigt ihre Krone ins Wasser, ist noch fest verwurzelt und kann sich deshalb diese tiefe Verbeugung erlauben. Ihr passiert hier eine Diplomatenbadestelle, an der zu DDR-Zeiten besondere Gäste einquartiert wurden, lasst euch aber vom abgezäunten Areal der jetzigen Ferienanlage nicht entmutigen. Denn kurz darauf lockt wieder eine Badestelle.

Ihr müsst allerdings die dortigen Stufen des Strandbades nicht hochlaufen. Geht einfach unten entlang, an einer Schranke vorbei geht es links ab zu zwei überraschend auftauchenden Kunstwerken und zurück zum NaturParkHaus.

Alles, was ihr wissen müsst

Rundtour: auf teils unbefestigtem Untergrund // **nicht kinderwagentauglich** // Badesachen und Sonnenschutz mitnehmen // Für Übernachtungen empfiehlt sich der Natur-campingplatz direkt am Roofensee, campingplatz-am-roofensee.de // Wichtige Zusatzinfos auf naturparkhaus.de

Markierung: See-Rundwanderung, rapsgelber Kreis auf weißem Untergrund; Wald- und Wasser-Erlebnispfad: Baumsymbol mit blauer Krone

Entfernung von: Berlin 89 Kilometer
ÖPNV: nicht zu empfehlen
Auto: kostenlose Parkplätze am NaturParkHaus in Menz, Kirchstraße 4, 16775 Stechlin

Einkehr: Künstlerhof Roofensee, Berliner Straße 9, 16775 Stechlin, Ortsteil Menz, kuenstlerhof-roofensee.de (am Wochenende)

Zwei Tage im Müritz-Nationalpark

Schwierigkeit: mittel // 25 Kilometer // 107 Höhenmeter
Für Familien mit Kindern geeignet

EIN 55 METER HOHER AUSSICHTSTURM,
EINE 800 JAHRE ALTE SOMMERLINDE

Bei dieser zweitägigen Exkursion ins Herz der Mecklenburgischen Seenplatte ist das Nationalparkdorf Boek als Ortsteil von Rechlin ein idealer Ausgangspunkt für unsere Rundwanderung. Boek ist quasi das Tor in den Nationalpark Müritz. Vom Dorfplatz aus ist man in null Komma nichts am Ostufer der Müritz, um einem

WASSERRAD IN BOEK

schönen Badestrand einen Besuch abzustatten und den See- und Fischadlern zuzuschauen, wie sie über dem Wasser ihre Runden ziehen. Die Badesachen könnten ganz am Anfang oder am zweiten Tag der Tour zum Einsatz kommen. Auch die Fischteiche der Müritzfischer sind von hier aus in wenigen Minuten zu erreichen. Auf die Karpfen und Störe, die Welse und Schleien und all die anderen potenziellen Leckereien (inklusive exzellenten Fischbrötchen) werden wir noch zurückkommen.

Auf jeden Fall solltet ihr, neben den Badesachen, auch ein Fernglas in den Rucksack packen und euch auf einen grandiosen Ausblick aus 55 Metern Höhe über die weiten Wälder und Seen des Nationalparks freuen. Im Nationalpark Müritz kann die 25 Kilometer lange Wanderung an acht Stellen abgebrochen werden. Nationalpark-Busse bringen einen nach Boek und am nächsten Tag wieder zurück zum Ausgangspunkt.

IM NATIONALPARK MÜRITZ FINDET IHR TIER- UND PFLANZENARTEN, DIE IHR ANDERSWO SELTEN ZU GESICHT BEKOMMT. VIELLEICHT WERDEN EUCH DIE 17 ARTEN VON ARMLEUCHTERALGEN UND DIE SELTENE ROHRDOMMEL EHER NICHT AUFFALLEN.

DAS KREISEN EINES SEEADLERS, DAS FLATTERN EINES AURORAFALTERS, KRANICHE IN KEILFORMATION ÜBER EUREN KÖPFEN, ALL DAS IST – DIE PASSENDE JAHRESZEIT VORAUSGESETZT – ABER SEHR GUT MÖGLICH. VOR ALLEM DER HERBST BIETET SICH HIER ALS IDEALE WANDERZEIT AN, WENN DIE KRANICHE ZU IHREM ZUG AUFBRECHEN UND DIE BRUNFTZEIT DES ROTWILDS ANBRICHT.

TAG 1: *WILDE WÄLDER & WEITSICHT // 12,5 KM*

Wir starten im Dorf an der Boeker Straße, unmittelbar am großen Halte-Rondel des Nationalparkbusses. Folgt der Dorfstraße und dem Schild »Zu den Wanderwegen«, so erreicht ihr nach wenigen Minuten die größte Attraktion des Ortes: den Wildpark Boek, ein 80 Hektar großes Freigehege, in dem ihr Rotwild wie in freier Wildbahn beobachten könnt. Im Kutschercafé, das mit zum Areal gehört, könnt ihr euch auch nach Kutschfahrten erkundigen. Wie gesagt bietet sich die Brunftsaison im Herbst hier als ideale Besuchersaison an. Vielleicht packt ihr euch im Kutschercafé noch selbst gemachte regionale Spezialitäten als Proviant in den Rucksack, bevor ihr euch – einmal rechts um die große Eule – wieder auf den Weg macht.

Bevor es aus dem Ort geht, versucht euch Boek noch ein wenig mit Hinweistafeln zu fesseln. Spannend sind die Infos zu den fünf Glashütten, die es einst hier am Ostufer der Müritz gab. Aus dem damaligen Westphalen und aus Sachsen reisten nach dem Dreißigjährigen Krieg, also ab 1648, Glasmacher nach Boek und zogen erst weiter, wenn das Land für den Glashüttenbetrieb nichts mehr hergab. In Waren knüpft heute die Mecklenburgische Glaswerkstatt an diese Tradition an, die ihren Höhepunkt an der Müritz vor etwa 200 Jahren erreichte.

An der alten Dorfschule von Boek und ihrem schönen Fassadenspruch »De olle Dörpschool« vorbei geht es geradeaus Richtung Wald.

Am Eingang zum Nationalpark wählt ihr von allen angebotenen Wandervarianten (siehe Kasten unten) die mit dem Symbol eines roten Hirschen ausgewiesene 7,5 Kilometer lange Wanderung zum Priesterbäker See aus. Es geht dabei nach rechts, nicht geradeaus. Der anfangs schnurgerade Weg führt euch über weichen Waldboden direkt hinein in die Stille. Ein paar Vögel sind zu hören, sonst nichts. Der intensive Geruch von Pilzen, Kiefern, Erlen und Harz breitet sich aus und steigt in die Nase. Im Herbst vermischt sich all das mit dem Duft feuchter Moose, von denen es in den Wäldern des Nationalparks Müritz allein 133 Arten gibt.

Spätestens dort, wo einige große Äste motorisierten Fahrern den Weg versperren, hat man das Gefühl, den Wald ganz allein für sich zu haben. Ab hier gehört das Gelände nur uns, den Wanderern und den Radfahrern, die ab und an unseren Wegabschnitt kreuzen.

Wie ein kleines Meer zeigt sich die Müritz am Beginn
und am Ende der zweitägigen Wanderung

DER KÄFLINGSBERGTURM

Der mit dem roten Hirschen markierte Weg endet im Sumpfgebiet an der Südseite des Priesterbäker Sees und zweigt nach links ab. Wir folgen nun dem großen blauen M, dem Symbol für den Müritz-Nationalpark-Weg, geradeaus in Richtung Priesterbäker See und Käflingsbergturm.

DER MÜRITZ-NATIONALPARK-WEG IST MIT SEINEN 175 KILOMETERN DER LÄNGSTE WANDERWEG DURCH EINEN NATIONALPARK IN DEUTSCHLAND. ER SCHLÄNGELT SICH AUF SEINEN SCHÖNSTEN ABSCHNITTEN ENTLANG DER WASSERPARADIESE, WIE DEM WARNKER SEE, AN DEM IHR IM SOMMER DAS GESCHNATTER VON TAUSENDEN VON REIHER-, TAFEL- UND KOLBENENTEN ERLEBEN KÖNNT. EIN IDEALER ORT, UM DIE SCHMETTERNDEN TROMPETEN-RUFE UND DIE IMPOSANTE KEILFLUGFORMATION DER KRANICHE ZU ERLEBEN, IST DER REDERANGSEE.

Es gibt wahrlich grandiose Abschnitte auf dem Müritz-Nationalpark-Weg. Nun führt er uns zu einem ersten Highlight dieser Wanderung: dem KÄFLINGSBERGTURM ❶.

Das blaue M bringt euch auf einen durch Waldgebiet verlaufenden Wanderpfad, der links parallel zu einer asphaltierten Strecke verläuft, die auch vom Nationalpark-Bus benutzt wird. Nehmt dann den gut ausgeschilderten Anstieg zum Käflingsberg (rechts hoch). Wer unter Höhenangst leidet, könnte beim Aufstieg auf die 55 Meter hohe Aussichtsplattform Schwierigkeiten bekommen. Doch der wunderbar weite Blick über die endlosen Wälder und Seen ist auch schon auf der Hälfte ein Genuss und entschädigt für die Mühe der 167 Stufen. Der Gigant aus Stahlfachwerk ist nicht nur Aussichtsturm, sondern auch Funksendeturm und deckt ein davor nicht mit Mobilfunk versorgtes Gebiet ab: die weiten Wälder und sogar die Seen des Nationalparks Müritz.

In westlicher Richtung seht ihr oben vom Turm aus den Priesterbäker See vor euch mitten im grünen Wald schimmern. Er ist unser nächstes Ziel und einer der Höhepunkte des ersten Tourtages.

Nach dem Abstieg trefft ihr wieder auf den Wanderpfad und haltet euch rechts. Ein kleiner Dschungelpfad führt euch links an einen Moorsteg, der euch durch den Schilfgürtel direkt an den sonst unzugänglichen See und einen wunderschönen Platz führt.

Die Aussichtsplattform am PRIESTERBÄKER SEE ❷ ist ein idealer Platz, um den ersten Wanderabschnitt dieser 2-Tages-Tour zu

Fischers Land in Boek: der kulinarische
Höhepunkt der 2-Tages-Tour

beenden. Umsäumt vom Schilf habt ihr von den Holzbänken der Plattform aus einen wunderbaren Blick auf den See. Der National-park-Bus bringt euch zurück nach Boek.

TAG 2: *DÜNEN, STRAND & MEHR // 12,5 KM*

Der Nationalpark-Bus bringt euch am nächsten Morgen wieder an den Priesterbäker See zurück. Da die meisten Wanderer den Tag in Boek starten, habt ihr die wunderschöne Aussichtsplatzform sicher-lich ganz für euch alleine. Eine gute Idee, den Tag hier mit einem, von Wasservögeln umschwärmten See-Picknick zu beginnen.
Nach der Stärkung geht es weiter Richtung Norden. Durch den Wald ist es nicht mehr weit nach Speck. Der Weg ist gut ausgeschildert. Viel mehr als 40 Einwohner wohnen nicht in diesem kleinen Natio-

Seeidylle am Ende der Wanderung:
die Wasserhäuser an der südlichen Müritz

nalparkdorf. Weitaus mehr
Touristen schlendern hier
zur Hauptsaison über die
Dorfstraße, meist auf der
Suche nach der prächtigen
800-jährigen Sommerlinde,
die ihnen am Ortseingang
auf einem Foto verspro-
chen wurde.

800-JÄHRIGE SOMMERLINDE

Um das Wahrzeichen der
Gemeinde, eben jene ma-
jestätische Linde, zu finden, geht ihr durchs Dorf
bis zum Gutshof und zur Kirche. Auf der rechten Seite seht ihr
Tilia platyphyllus dann in voller Pracht, auch nach acht Jahrhunderten noch voll im Saft.

Sehr sehenswert und von den meisten Touristen übersehen, ist die
von Künstlern genutzte Alte Schmiede. Leider kann das Jagdschloss
Speck nicht besichtigt werden, aber der kurze Blick von außen ist
möglich. Das Schloss befindet sich in Privatbesitz und liegt unauf-
fällig und versteckt am Ortsende. Aber die 1876 erbaute neugotische
Dorfkirche kann und sollte besichtigt werden.

Der aus dem Slawischen stammende Ortsname Speck bezieht sich
übrigens auf einen befestigten Weg durch einen Sumpf. Ihr folgt dem
Weg aus dem Dorf, den ihr gekommen seid, bis ihr am Sumpfgelän-
de an die Markierung roter Hirsch kommt, die euch rechts ab zu
einer Außenstelle der Martin-Luther-Universität Halle Wittenberg
führt. Fauler Ort heißt das Gelände des Fachbereichs Biologie, der
hier die Flora und Fauna erforscht. Der Name geht auf die nahe
gelegenen Faulseen zurück; Vorstufen von Niedermooren, die früher
verstärkt schwefelhaltige Faulgase abgaben.

Der Faule Ort besteht nur aus zwei Forschungsgebäuden und liegt
direkt am Hofsee, dem mittleren der drei Specker Seen. Bis in die 1920er

Jahre gab es hier noch mehrere Bauernhöfe, doch mussten diese wegen der Unfruchtbarkeit des sumpfigen Landes aufgegeben werden.

Auf dem weiteren Weg solltet ihr dann dem Symbol orange Schnecke folgen, die nicht etwa ein Sonderlogo für langsame Wanderer ist, sondern euch zu den BINNENDÜNEN ❸ führt.

Holzweg zum Priesterbäker See

Am Ende der letzten Eiszeit lagerte das Schmelzwasser an dieser Stelle gewaltige Mengen von Sand ab. Der Wind wehte den Sand dann zu mächtigen Dünen auf. Vom Wanderweg aus sind die bis zu fünf Meter hohen Dünen gut zu erkennen. Wenn ihr wieder in Boek seid, stehen drei abschließende Dinge an: der Ausflug an den MÜRITZSTRAND ❹ (Schwimmen, Baden), ein Besuch der schönen hölzernen Fischerhütten an der südlichen Müritz bei Rechlin und ein Besuch der Müritzfischer. Fischers Land in Boek heißt der abschließende kulinarische Höhepunkt des zweiten Wandertages. Der schöne Biergarten an den Schauteichen liegt ruhig und idyllisch ein klein wenig abseits der befahrenen Straße. Wer den Ort nicht kennt, könnte ihn leicht übersehen. Zahlreiche Teiche und Schautafeln erklären die Geschichte der Müritzfischer und erzählen etwas über die heutigen Fischarten, die man hier auch angeln kann.

Die Kleine Maräne, der Wels, Zander, Saibling oder Aal finden sich dann auch auf den meisten Tellern wieder, die hier, auf der Seeterrasse serviert werden.

Wer sich danach zum Sonnenuntergang noch einmal – samt Fischbrötchen – an den Müritzstrand begeben möchte, benötigt nur 15 Gehminuten bis ans »Meer«.

ALLES, WAS IHR WISSEN MÜSST

Rundtour: auf teils unbefestigtem Untergrund // **nicht kinderwagentauglich** // Badesachen und Fernglas einpacken

Markierung: zuerst Wandersymbol roter Hirsch, dann großes blaues M, dann Symbol orange Schnecke

Entfernung von: Berlin 163 Kilometer
ÖPNV: Regionalexpress von Berlin nach Neustrelitz, von dort alle zwei Stunden nach Waren. Dann Nationalpark-Bus bis Haltestelle Bolter Schleuse. Auf der Wanderung könnt ihr an acht Haltestellen in den Bus ein- und aussteigen.
Auto: Parkplätze an der Boeker Mühle 4, 17248 Rechlin

Einkehr: **Fischers Land Boek,** Bolter Schleuse 4, 17248 Rechlin // **Kutschercafé inkl. Wildpark,** Boeker Straße, 17248 Rechlin // Übernachtung: **Hotel Müritz-Park,** Boeker Straße 3a, 17248 Boek

Im Nebel-Durchbruchstal

Schwierigkeit: leicht // 7 Kilometer // 69 Höhenmeter
Für Familien mit Kindern geeignet

NATURHIGHLIGHT IM NORDEN:
EIN GESPENSTERBAUM
UND EINE »KNEIPPE« MITTEN IM WALD

Wir schreiben das Jahr 1200 nach Christus. In Deutschland leben gerade einmal 10 Millionen Menschen. Paris ist eine Kleinstadt mit 50.000 Einwohnern. Es ist die Zeit, in der das Nibelungenlied und mit Parzival das erste deutsche Ritterepos entstanden. In einer Urkunde aus dieser Zeit erscheint zum ersten Mal ein Flussname, der vermuten lässt, wie düster, wie nebelverhangen und geheimnisvoll das Tal wohl im frühen Mittelalter gewesen sein muss, durch das dieses Gewässer floss. Nebula heißt es in der Urkunde auf Lateinisch. Auf Deutsch: Nebel, aber auch Dunkelheit.

Eine Wanderung durchs Nebeltal ist eine spannende Exkursion durch ein ruhiges, wildes Naturschutzgebiet. Noch heute sind diese oft urwaldmäßig zugewucherten Wälder um den naturbelassenen Fluss namens Nebel finster und geheimnisvoll. Bieten aber auch ein reiches Arsenal an Naturschätzen.

DIE NEBEL GILT ALS EINER DER SAUBERSTEN UND ARTENREICHSTEN FLÜSSE MECKLENBURGS. IHR HABT DIE CHANCE EISVÖGEL UND WASSERAMSELN, ROTBAUCHUNKEN, FISCHOTTER UND BIBER ZU SEHEN. DOCH NEBEN DIESEN BEKANNTEREN GIBT ES AUCH VIELE UNBEKANNTERE SCHÜTZENSWERTE TIERARTEN IM NEBELTAL: SO DIE BAUCHIGE UND DIE SCHMALE WINDEL-SCHNECKE, DIE GEMEINE FLUSSMUSCHEL, DIE GROSSE MOOSJUNGFER, DEN KAMMMOLCH, DAS FLUSS- UND BACHNEUNAUGE, DEN BITTERLING UND DEN STEINBEISSER.

HABICHT IM TAL DER NEBEL

Kirche in Serrahn

Nicht vergessen werden sollte im Sammelsurium der wunderlichen Nebeltal-Tiere der leider sehr seltene, scheue Raufußkauz. Da es sich um ein Naturschutzgebiet handelt, müsst ihr damit rechnen, im Flusslauf der Nebel viele umgestürzte Bäume vorzufinden. Aber gerade das macht den Reiz dieser Wanderung aus. Das Eingreifen des Menschen wird hier unterlassen, wo immer es auch geht. Abgebrochene Äste oder Wurzeln auf den Wegen sind dennoch eine Seltenheit.

Wir beginnen die Tour an der schönen gotischen Backsteinkirche in Serrahn. Sie wurde im Jahre 1240 als Nikolaikirche geweiht und vollständig aus Ziegelsteinen gebaut, die in der Serrahner Ziegelei gebrannt wurden. Bemerkenswert sind der vollständig gewölbte Innenraum und die wertvolle, reich mit Ornamenten geschmückte Orgel aus dem Jahr 1740.

Der Waldparkplatz liegt etwas versteckt, aber von hier aus habt ihr einen direkten Einstieg ins Nebeldurchbruchtal.

Eine regelrechte Schilderflut prasselt gleich zu Beginn der Wanderung auf euch ein. Unser Ziel und Wendepunkt der Tour ist die hier angezeigte alte Wassermühle. Auf den Schildern steht, sie sei in 45 Minuten zu erreichen. Plant aber lieber etwas mehr Zeit ein. Nicht etwa, weil ihr euch verlaufen werdet, sondern weil euch der Wanderweg und das urige Nebeltal so gut gefallen werden. Packt euch genügend Getränke oder eine nachfüllbare Wasserflasche in den Rucksack. Die euch vielleicht versprochene »Kneipe« auf dem Wanderweg gibt es zwar, sie wird aber noch Gesprächsstoff sein.

Aus dem Süden kommend wandert ihr eine Weile genau in nördlicher Richtung und hört dann nach etwa 700 Metern schon das Plätschern der Nebel, bevor ihr an eine Holzbrücke kommt. Gleich dahinter geht's am moorigen, steinigen Wasser nach rechts hinunter zur VER-LOBUNGSINSEL **❶**. Bei niedrigem Wasserstand ist sie leicht zu übersehen. Denn was sich da zeigt, ist eine winzige steinige Erhebung im Wasser mit zwei einsamen Stühlen darauf. Ein zwischen zwei Bäumen hängendes Holzschild weist uns, ohne weitere Erklärung, auf die Verlobungsinsel hin. Einer Sage nach mussten junge Männer aus Krakow und Kuchelmiß ihre Angebeteten auf die kleine Insel tragen, um ihr dort einen Antrag zu machen. Die beiden Stühle auf dem Inselchen repräsentieren sicher die beiden Verlobten. Sie sitzt, er kniet vor ihr, die Blumen in der Hand. So ist das wahrscheinlich gedacht. Die Witterung und der Zahn der Zeit machen den Stühlen allerdings sehr zu schaffen.

Folgt von hier aus der Markierung Richtung Kneipp-Weg.

*Kleiner Dschungelpfad im Durchbruchstal
des Flüsschens Nebel*

NUR EIN KLEINER TEIL DES NEBELDURCHBRUCHTALS IST FÜR DEN TOURISMUS ERSCHLOSSEN. WIR KÖNNEN HIER ERLEBEN, WIE SICH DAS AUS DER LETZTEN EISZEIT STAMMENDE GEWÄSSER IN DEN LETZTEN 10.000 JAHREN REGELRECHT IN DIE LANDSCHAFT GEFRÄST UND MÄAN-DERT HAT. AUF EINER LÄNGE VON 4 KILOMETERN ENT-STEHT SO EINE FÜR MECKLENBURG SELTENE LANDSCHAFTS-FORM. DIE NEBEL HAT HIER DEN CHARAKTER EINES GEBIRGSBACHES MIT EINEM GEFÄLLE VON 14 METERN, VIELEN FLUSSSTEINEN, GERÖLL UND STEILEN UFERN.

Die Jahrtausende währende Strömungskraft der Nebel hat in unserer Zeit allerdings etwas nachgelassen. Leider war der Wasserstand der Nebel in den letzten Jahren nicht dazu geeignet, den dort heimischen Fischarten, Vögeln und Säugetieren die wasserparadiesischen Zustände zu bieten, die viele der Tiere dort seit Jahrhunderten schätzen gelernt haben.

Ebenfalls aus alter Zeit stammt das HÜGELGRAB ❷, das euch durch einen blauen Hinweispfeil an einem Baum angezeigt wird.

GESPENSTERBAUM

Über 4000 dieser aus der Bronzezeit stammende Gräber sind in Mecklenburg entdeckt worden. Eine Hinweistafel macht darauf aufmerksam, dass in manchen der Baumsärge erstaunlicherweise noch Haarnetze oder Wollmützen der Verstorbenen erhalten geblieben sind.

Auf Wegweisern wird euch wieder der Kneipp-Weg angezeigt, dem ihr nun nach Norden folgt und dann tatsächlich an eine moorig-morastige Stelle kommt,

über der zwischen zwei Bäumen ein Holzschild mit der fröhlichen Aufschrift KNEIPPE ③ baumelt. Nun wisst ihr also, was es mit der Auskunft einiger Menschen auf sich hat, es gebe auf diesem Wanderweg eine Kneipe.

Allerdings: Die Nebel fließt woanders! So kann selbst nach einem Regenguss hier dem guten Sebastian Kneipp nicht mit ausgiebigen Wassergüssen gehuldigt werden, sondern bestenfalls mit Schlammpackungen. Eine Nebeltal-Fango-Packung für die müden Beine.

Wir folgen nun, mehr oder weniger erfrischt, den grünen Wegweisern Richtung Rundweg und Turmhügel. Mit dem Rundweg ist der Weg um den mit Schilf überwucherten Seeteich gemeint, den man auf beiden Seiten umrunden kann. Haltet euch zunächst rechts, dann bieten sich an der Ost- und Nordseite des Sees immer wieder tolle Ausblicke auf eine wirklich wildprächtige grüne Kulisse. Im ehemaligen Schlosspark könnt ihr beeindruckende alte Bäume sehen. Darunter eine Art Gespensterbaum. Was hier aussieht wie moderne Kunst, sind Relikte der ehemaligen Schloss-Fassade.

Aus dem Park kommend geht ihr im Frühjahr an duftenden Fliederhecken vorbei auf den Mühlenweg, von dem aus es dann links zum malerischen Wasserturm geht. Auf dem Weg bietet sich eine kleine Kaffee-Kuchen-Pause im idyllischen Hofcafé an.

Anschließend erreicht ihr links über einen kleinen gepflasterten Weg die WASSERMÜHLE ④. Ihr habt dort den Wendepunkt der Wanderung erreicht. Die 1558 erbaute Wassermühle ist heute ein Bau-

denkmal und Museum. Der Mühlen-See samt Trauerweiden und Brücke ist paradiesischer Natur. Dickicht, Schilf, wild wuchernde, knorrige Bäume. Die Nebel gibt hier noch einmal alles, was ihre wilde Schönheit ausmacht.

Alles, was ihr wissen müsst

Rundtour: auf teils unbefestigtem Untergrund, aber überwiegend gut begehbar // für Kinder geeignet // **für Kinderwagen nur bedingt geeignet** // Infos zur Wassermühle: wassermuehle-nebeltal.de

Markierung: viele Hinweisschilder auf die Wassermühle, die Kneipp-Tretstelle, nach Serrahn etc.

Entfernung von: Berlin 178 Kilometer
ÖPNV: nicht empfehlenswert
Auto: Waldparkplatz in Serrahn. Von der Backsteinkirche über die Alte Poststraße einen Kilometer bis zum Waldrand. Dort befindet sich ausgeschildert – direkt an der Nebel – rechts oben, im Wald, der Parkplatz und Startpunkt der Tour.

Einkehr: **Hofcafé,** Mühlenweg 2, 18292 Kuchelmiß, Tel. 0172 9674550. Erkundigt euch vorab nach den Öffnungszeiten, in den letzten Jahren war das Hofcafé nur an Wochenenden geöffnet.

Großer und Kleiner Wummsee

Schwierigkeit: leicht // 10 Kilometer // 87 Höhenmeter
Für Familien mit Kindern geeignet

TRAUMBADESTELLE
IN BRANDENBURGS NORDWESTEN
MIT ARMLEUCHTERALGEN

Etwa 4 Kilometer nördlich von Flecken-Zechlin befindet sich unser Startpunkt, der Wanderparkplatz GRÜNE HÜTTE **1**. Ihr überquert dort die Straße und müsstet euch eigentlich nun für die Rundwanderung um den Wummsee nach links wenden und an einem Buchenmischwald entlang bergan schreiten. Wer sich aber erst einmal an der einzigen BADESTELLE **2** im Natur-

ABENDS AM GROSSEN WUMMSEE

schutzgebiet abkühlen oder erfrischen möchte, sollte jetzt, während der Lektüre, kurz innehalten und planen. Denn ihr müsst natürlich nicht 10 Kilometer im Uhrzeigersinn zurücklegen, um erst ganz am Ende der Wanderung auf eine der wunderbarsten Badestellen in diesem Buch zu stoßen. Denn ihr seid ja quasi schon dort. Die Badestelle liegt nur eine zehnminütige Wanderung entfernt. An der Straße nach rechts und bei der ersten Gelegenheit nach links in den Wald und dann nach links hinunter zum ausgeschilderten See.

Die Badestelle in diesem Klarsee ist noch einmal eine Steigerung all dessen, was ihr in diesem Buch bereits an Badestellen erwandert habt. Einige Stellen am Roofensee und die geheime Badestelle nahe Werder können hier eventuell mithalten. Doch Sonnenaufgänge oder Sonnenuntergänge sollte man – am besten gemeinsam mit lieben Freunden – hier an der Badestelle am Wummsee genießen. Denn kaum jemand in und um Berlin herum kennt den Wummsee und so ist er immer noch ein Geheimtipp.

Sicherlich werdet ihr eure nassen Badesachen nach dem Aufenthalt im erfrischend klaren Wasser zurück ins Fahrzeug an der Grünen Hütte bringen und nicht im Rucksack um den See schleppen wollen.

DER NAME GRÜNE HÜTTE GEHT AUF EINE HISTORISCHE GLASPRODUKTION ZURÜCK, DIE KÖNIG FRIEDRICH II. IM JAHR 1741 FÜR DIE PRODUKTION VON »EINFACHEM GRÜNGLAS« ERTEILTE. DIE ZECHLINER HÜTTE SOLLTE SICH GANZ AUF DIE PRODUKTION VON HOCHWERTIGEM GLAS KONZENTRIEREN. DOCH NEBEN SCHLICHTEM FLASCHENGRÜNGLAS STELLTE DIE GRÜNE HÜTTE VOR FAST 300 JAHREN AUCH BEREITS MEDIZINGLÄSER UND

FENSTERGLÄSER HER. SO SIND DIE FENSTER DES NEUEN PALAIS IN POTSDAM HIER AN DER GRÜNEN HÜTTE DURCH DEN KÖNIG SELBST IN AUFTRAG GEGEBEN WORDEN. DIE HÜTTE MUSSTE NACH 50 JAHREN AUS HOLZ- MANGEL GESCHLOSSEN WERDEN.

Holzmangel herrscht rund um die bereits 1967 zum Naturschutzgebiet erklärten drei Seen Großer und Kleiner Wummsee und Twernsee heutzutage natürlich nicht mehr. Die einstigen Glashütten zogen nach ihrem großen Kahlschlag der Wälder einfach immer weiter. Auch wir ziehen weiter und kommen im Westen des Sees an die Renaturierung WUMMSEEMOOR ③. Diese Feucht-wiesen im unmittelbaren Uferbereich wurden früher landwirtschaft-lich genutzt. Für eine vollständige Renaturierung mussten sämtliche Flächen in Feuchtgebiete zurückverwandelt werden.

Es ging darum, die Moore am Wummsee auch in trockenen, heißen Sommern feucht zu halten. Die sogenannte Vernässung des Moors wurde erreicht, indem man hier alle Gräben und Drainagen ver-schlossen hat, durch die früher, in Zeiten landwirtschaftlicher Nut-zung, Nährstoffe in den See gelangten. Durch diesen Verschluss der

Entwässerungsgräben, durch Wälle aus Torf und den Einbau von Totholz wird heute wieder Wasser gespeichert und kann sich der typische Bewuchs der Moore erholen. CO_2 wird gebunden und es entsteht wieder wertvoller Lebensraum für seltene Moortiere und Pflanzen, für Wollgras, Sumpfveilchen und Schilf.

Es geht nun dicht am See entlang, immer wieder durch flirrend grüne Schilfgürtel, dann zu einer Wegmarkierung, die euch den Pfad hinauf auf eine Anhöhe zeigt. Nach einem kurzen, knackigen Anstieg erreicht ihr den sogenannten MARONSTEIN **4**.

Ebenso wie sein berühmter Zeitgenosse Theodor Fontane stammt Louis Maron wie der Name vermuten lässt – von Hugenotten ab. Eine Forstwissenschaft gab es in der Zeit von Fontane, Maron und Friedrich dem Großen noch nicht. Also diente Maron zuerst als königlicher Feldjäger, bevor er zum königlichen Oberförster ernannt wurde. Von

Immer wieder führen Holzstege über Moore
und morastige Passagen der Wanderung

1860 bis 1885 stemmte er sich in den Wäldern von Zechlin dem Einschlag und Kahlschlag entgegen und wurde so zu einem der ersten bedeutenden Naturschützer in Brandenburg.

Die Gedenkstätte Maronstein bringt zum Ausdruck, dass sich dieser frühe Ökologe um die Naturverjüngung verdient machte, die Waldbestände mit einer hohen Baumartenvielfalt begründete und die staatlichen Waldflächen vergrößerte. All das sind Errungenschaften, die

GEDENKSTEIN FÜR LOUIS MARON

man heutigen Wäldern auch wieder wünschen würde. Alles, was ihr an ursprünglichem, natürlich gewachsenem Wald am Großen und Kleinen Wummsee heute sehen könnt, geht auf das Wirken dieses ökologisch denkenden Mannes zurück.

Am Obelisken Maronstein, dem Denkmal für den königlichen Oberförster Louis Maron, befindet sich ein netter Rastplatz mit herrlichem Blick auf den See. Westlich lassen sich zwei Inseln entdecken: der »Kleine Horst« und der »Große Horst«. Auch im Osten gibt es noch eine kleinere Insel, die ebenfalls einen recht ungewöhnlichen Namen trägt und Blumenkorb genannt wird. Die Wasserqualität aller drei Seen, die ihr umwandert, ist außergewöhnlich.

IN KLAREN GEWÄSSERN WIE DEM WUMMSEE FÜHLEN SICH AUCH FISCHE WOHL. ER GILT ALS SEHR FISCHREICH UND DIE LISTE SEINER BEWOHNER IST LANG: AAL, BARSCH, BRASSEN, GROSSE MARÄNE, GÜSTER, HECHT, KARPFEN, ROTAUGE, ROTFEDER, SCHLEIE, STINT, UKELEI, WELS UND ZANDER GEMEINSAM IN EINEM

Wiesenpfad am Wummsee

BRANDENBURGISCHEN SEE VORZUFINDEN, IST ABSOLUT REKORD-VERDÄCHTIG.

Auf dem weiteren Wegstück verlasst ihr kurz den Großen Wummsee und kommt über gut begehbare Waldwege zum kleinen Wummsee. In einem kleinen Tal geht es über einen Steg in ein Feuchtgebiet, dann immerzu rund um den See, bis ihr – am nördlichen Seeende – auf eine Anhöhe kommt. Ein wunderbarer Platz, um den Blick auf beide Seen, den Wummsee und den Twernsee zu genießen.

Über naturbelassene Waldwege kommt ihr im Uferbereich (rechts halten) an die einzige offizielle Badestelle des Wummsees, die wirklich zum Besten gehört, was Brandenburg zu bieten hat. Ein echter Geheimtipp. Über den rechts abzweigenden Waldweg kehrt ihr in zehn Minuten ganz gemütlich und ohne große Anstrengung an unsere Ausgangsstelle, den Waldparkplatz Grüne Hütte, zurück.

Tipp: *VARIANTE UM DEN TWERNSEE*

Wem die Wanderung zu kurz war, könnte noch die sehr gut ausgeschilderte und schöne Wanderung um den Twernsee anschließen. Gemeinsam mit dem Großen und Kleinen Wummsee wurde er zum Naturschutzgebiet »Wumm- und Twernsee« zusammengeschlossen. Der Twernsee entstand während der letzten Eiszeit aus sogenannten Toteiskesseln. Er gilt als Quellsee des Havelnebenflusses Rhin.

Unbedingt besuchen sollte man den Flecken Zechlin. Einen idyllischen Ortsteil der Stadt Rheinsberg mit gepflasterten Wegen und einem Schwarzen See. Ein Dörfchen aus uralter Zeit.

ALLES, WAS IHR WISSEN MÜSST

Rundtour: gemütliche Wanderung auf teils unbefestigtem Untergrund // **bedingt kinderwagentauglich** // Badesachen und Fernglas nicht vergessen! // **Variante I:** Teilstrecke um den Wummsee durch das Naturschutzgebiet Wummsee und Twernsee, Länge 10 km. // **Variante II:** Teilstrecke um den Kapellensee, Länge 3 km. // Die Bademöglichkeit am südöstlichen Ufer des Großen Wummsees ist ausgeschildert und ca. 500 m vom Wanderparkplatz Grüne Hütte entfernt.

Markierung: grüner Punkt auf weißem Grund

Entfernung von: Berlin 114 Kilometer
ÖPNV: nicht zu empfehlen
Auto: Waldparkplatz Grüne Hütte, 16837 Rheinsberg

Einkehr: Wellnesshotel Am Birkenhain, Sonnenweg 2, 16837 Rheinsberg (Nähe Kapellensee) // **Fischerhütte Flecken Zechlin,** Seestraße 5a, 16837 Rheinsberg

Die 1000-jährigen Eichen von Ivenack

Schwierigkeit: leicht // 5 Kilometer // 57 Höhenmeter
Für Familien mit Kindern geeignet

DER WEG DER 1000 WUNDER:
TIEF-HERZWURZLER, BAUMKRONENPFAD
UND ELFENBÄNKCHEN

Beständigkeit, heißt es, sei eine Tugend in Mecklenburg. Wer könnte sie besser verkörpern als die 1000-jährigen Eichen von Ivenack im Landkreis Demmin? Vor 1300 Jahren, als das Heilige Römische Reich Europa dominierte, die Mongolen aus den Steppen in unseren Kontinent einfielen und es gerade einmal 400 Millionen Menschen auf dem gesamten Planeten gab, existierten einige der Baum-

DAMWILD OHNE SCHEU

giganten bereits, die ihr auf dieser Wanderung sehen werdet. Die feucht-lehmige Waldgegend bietet für junge Eichen-Sprösslinge alle Vorzüge, um tatsächlich zu einer uralten Eiche heranzuwachsen. Vom Parkplatz in der Eichenallee bis zu dem in Mitteleuropa einmaligen Baumwunder sind es nur ein paar Schritte. Ein Tor aus Eichblättern empfängt euch weit vor dem Eingang sowie ein Lageplan, auf dem ihr euch vorab orientieren könnt, wo die 1000-jährigen Eichen und die anderen Hauptattraktionen, wie Baumkronenpfad, Barock-Pavillon oder Turopolje-Schweine zu finden sind.

Gleich nach dem Eingang wird man – gut sichtbar – von zwei prächtigen Exemplaren der Baumriesen empfangen. Die beiden STIEL-EICHEN ❶ sind mindestens 500 bzw. 700 Jahre alt. Mit einem Stammdurchmesser von über 2 Metern haben sie hier ihren imposanten Auftritt. Kaum 50 Meter entfernt steht dann das über 1000-jährige, vielfach bewunderte Prachtexemplar. Die knorrigen uralten Eichen sind Beispiele für die sogenannte Waldweide, die vor allem in den Jahrhunderten des Mittelalters praktiziert wurde. Man trieb Schweine, Rinder, Schafe, Ziegen und Pferde einfach zur Futtersuche in die Wälder. Die Tiere hielten den Wald licht, nur die uralten Eichen, die Futter für das Vieh lieferten, wurden geschützt

und konnten sich entwickeln. Im Ivenacker Tiergarten, der bereits 1709 entstand, übernahmen dann Reh und Hirsch die Waldweide und damit den Schutz der Eichen.

Die Hitliste der vier stärksten europäischen Eichen führt eine Ivenacker Eiche an, die über 33 Meter hoch ist, ein Holzvolumen von 140 Kubikmetern und einen Umfang von über 11 Metern hat. Aber das sind nur nackte Zahlen, ihr müsst diese Eichen erleben und einmal anhand eines Skulptur-Eichen-Models im Tierpark erfahren, dass es sechs bis acht Menschen braucht, um einen solchen Baum zu umfassen. Zu den zahlreichen Sagen um die Baumriesen, um ein einst vorhandenes Zisterzienserinnenkloster und seine sündigen Nonnen, die sich in Eichen verwandelt hätten, gesellt sich auch eine größtenteils wahre Geschichte.

1793 WURDE IM IVENACKER GESTÜT EIN BERÜHMTER SCHIMMELHENGST NAMENS HERODOT GEBOREN. UM IHN 1806 VOR DEM RAUB DURCHZIEHENDER NAPOLEONISCHER TRUPPEN ZU SCHÜTZEN, WURDE DER HENGST IN EINER HOHLEN EICHE VERSTECKT. ER VERRIET SICH ABER DURCH SEIN WIEHERN UND NAPOLEON BONAPARTE BRACHTE DAS NOBLE, MUSKULÖSE LEITPFERD NACH PARIS. 1814 BRACHTE DER PREUSSISCHE FELDMARSCHALL BLÜCHER DEN HENGST NACH MECKLENBURG ZURÜCK. HERODOT WURDE UNTER EINER EICHE 1000 METER NÖRDLICH DES BAHNHOFES STAVENHAGEN BEGRABEN.

In einer Hör-Installation am Lischengrab könnt ihr euch die verschiedenen Sagen und auch die ausführliche Geschichte um den Hengst Herodot noch einmal anhören.

Vorher allerdings solltet ihr unbedingt den 620 Meter langen BAUMKRONENPFAD ❷ ersteigen. Bis in eine Höhe von 40 Metern windet sich der spiralige Pfad selbst über die Wipfel der höchsten Eichen hinauf. Ihr könnt von der oberen Aussichtsplattform bei gutem Wetter unser Wanderziel, das Ivenacker Schloss und den See erkennen, den wir umwandern werden.

Bei eurem weiteren Rundgang werdet ihr Damwild sehen, das hier völlig frei herumläuft, dazu Wildpferde, Mufflons und kroatische Turopolje-Schweine. Die niedlichen schwarz-weiß gesprenkelten Ferkelchen, die aussehen wie kleine Dalmatiner-Schweinchen, sind der absolute Kindermagnet. In der Nähe eines geschnitzten Holz-

Die Baumriesen sollte man sich von oben ansehen.
Idealerweise bietet sich hier der Baumkronenpfad an

schweins solltet ihr eine Wissenspause einlegen. Hier erfahrt ihr mehr über das spannende Ferkelleben in Schlamm und Suhle.

Wunderschöne Orte, um das Damwild mit dem hübsch gefleckten Sommerfell ganz nah zu erleben, sind der barocke PAVILLON ③ und das benachbarte Café mit seiner Terrasse. Die Futterwiese liegt wunderbarerweise ganz dicht am Café-Garten. Fast paradiesische Verhältnisse sind das, so unter den Blicken von Bambis und Hirschen seinen Cappuccino zu genießen.

Relativ unbekannt ist der Ausgang Klockover Tor, der euch hinter dem Pavillon aus dem Tierpark auf den Seerundweg bringt. An schönen Kopfweiden und einem Erlenbruchwald vorbei führt der Weg auf eine wunderschöne Waldstrecke und Seewanderung. Einige der teils moosbewachsenen Kopfweiden sind mit Pilzen besiedelt, die aussehen wie kleine orangefarbene Baumbalkone. Im Holländischen werden

Das Herrenhaus von Ivenack mit seinem Schlosspark war früher einmal ein Kloster der Zisterzienserinnen

diese Schwefelporlinge Elfen-
bankje, also Elfenbänkchen
genannt. Welch grandiose
Aussichtsplattform für Elfen
auf ihrer Gastgeberpflanze.
Der Bruchwald, dessen Saum
ihr bewandert, ist ein feuchter Lebensraum, in dem ihr
Schwarzerlen und viele
Sumpfveilchen, aber auch
gelbe Schwertlilien zu Gesicht bekommt. Links wei-
den weiße Rinder. Gerade
ist der Wanderweg zwar

Seltener Erlenbruchwald

asphaltiert, aber bald wird er wieder zum Naturpfad. Ihr kommt
überraschenderweise nach einem Kilometer erneut an gigantischen,
prächtigen Eichen vorbei, die einfach so als kraftvolles Wunder am
Feldrand stehen. Erstaunlich, es gibt diese Giganten also auch außer-
halb des Ivenacker Tierparks.

*DIE IVENACKER EICHEN TROTZEN DER TROCKEN-
HEIT DER LETZTEN JAHRE UND SIND AUCH
WÄHREND TROCKENZEITEN SO GUT IN SCHUSS, WEIL
SIE MIT IHREM URALTEN WURZELWERK GANZ TIEF
IN DEN UNTERGRUND KOMMEN UND SICH DAS WASSER
AUCH AUS DEM NAHEN SEE ZIEHEN KÖNNEN.
DENN DIE EICHEN SIND BÄUME MIT EINEM HERZWURZEL-
SYSTEM. SIE SIND ALSO BEIDES, SOWOHL TIEF-
ALS AUCH FLACHWURZLER. SIE BILDEN WURZELN,
DIE IN DIE BREITE UND IN DIE TIEFE WACHSEN.
DIE BOTANIK NENNT SIE TIEF-HERZWURZLER.
IM QUERSCHNITT SIEHT DER WURZELBALLEN
DIESER PFLANZEN IN ETWA SO AUS WIE EIN HERZ.*

Blick auf den Ivenacker See

Das Ivenacker Schloss auf der anderen Seite des Sees flackert immer wieder durch das windbewegte Schilf der Uferwälder. Die hier auf einem Schild angezeigte Ruine einer Wassermühle ist nur sehr schwer zu finden, weil völlig zugewuchert. Der Abstecher lohnt sich nicht.

Ihr verliert am südlichen Teil der Wanderung zeitweise den See aus dem Blick. Wenn er wieder erscheint, seht ihr Wildhopfen und Schilf, dann ein Bootshäuschen auf Stelzen und Kunstwerke: einen blauen Thron aus Holz und ein sich küssendes Paar, das aussieht wie ein Scherenschnitt. Ihr erreicht eine sehr urige, aus einem Baumstamm geschnitzte Uferbank, deren Lehne durch Buntglasstein verziert ist.

Leider hat die Trockenheit der letzten Jahre hier einige Auswirkungen, die ihr als sporadische Besucher des Ivenacker Sees nicht bemerken werdet. Denn der See war früher einmal wesentlich größer und reichte bis direkt ans Teehaus heran, das bald in euren Blick gerät. Eine Linkskurve und ihr erreicht die Wasserstraße, von wo ihr über einen kleinen Holzsteg links ab in den Seeweg und den Schlosspark und die Orangerie gelangt. Die Linden der Allee müssten, wie der Name schon sagt, eigentlich lind und zart sein, sind aber hier erstaunliche Wuchtbrummen.

DAS SCHLOSS IVENACK ❹ gehörte einst mit der berühmten Vollblutzucht der Grafen zu Plessen (ihr erinnert euch an Napoleons Schimmelhengst Herodot) zu den bekanntesten Herrenhäusern in Mecklenburg. Die barocke Dreiflügelanlage befindet sich samt Teehaus und Orangerie heute in Privatbesitz.

Vom Schloss aus sind es zu unserem Ausgangspunkt am Tierparkplatz in der Eichenallee etwa zehn Minuten.

ALLES, WAS IHR WISSEN MÜSST

Rundtour: um einen schönen See, der sich leicht und flach umwandern lässt // **kinderwagentauglich**

Markierung: Im Tierpark ist der Weg der 1000-jährigen Eichen rot ausgeschildert; ansonsten nicht einheitlich, besser Text oder GPS nutzen

Entfernung von: Berlin 215 Kilometer
ÖPNV: mit der Bahn über Stavenhagen (ca. 2,5 Stunden)
Auto: mehrere kostenpflichtige Parkplätze in der Eichenallee am Tiergarten, 17153 Ivenack

Einkehr: Tiergarten-Café mit wunderschöner Terrasse samt Blick auf das Damwild // Unweit des Cafés verkauft ein Stand Spezialitäten aus Wildfleisch

Vom Slawendorf Passentin zum Kunstschloss Wrodow

Schwierigkeit: mittel // 8-21 Kilometer // 68 Höhenmeter
Für Familien mit Kindern geeignet

FRIEDLICHE HÜTTEN
UND EIN KUNSTVOLLER PALAST

Du bist ganz schön bewandert, sagte man früher zu jemandem, den wir heute erfahren nennen würden. Während der ältere Begriff das langsame Erkunden, also eben das Wandern in sich trägt, leitet sich das Wort Erfahren vom schnellen Fortbewegen auf Rädern oder Schienen ab.

Dieser Unterschied ist besonders interessant, weil wir auf dieser Tour, 15 Kilometer westlich von Neubrandenburg, ein wenig in eine Zeit eintauchen werden, in der eine etwas langsamere Gangart vorherrschte als heutzutage. Bereits an unserem Startpunkt, dem SLAWENDORF PASSENTIN ❶, einem archäologischen Freilandmuseum, lernt ihr eine Epoche kennen, in der die Menschen sich ihr Wissen und Können langsam oder, wie man so schön sagt, Schritt für Schritt erarbeitet haben.

Obwohl heute zur Stadt Penzlin gehörend, ist der Ortsteil Passentin sehr dörflich. Ihr habt hier die Möglichkeit, im ruhigen Landkreis Mecklenburgische Seenplatte, inmitten der Natur und zwitschernder Vögel, eine kleine Zeitreise zu unternehmen.

Sobald ihr durch das große Torhaus mit seinem schweren Holztor gegangen seid, befindet ihr euch auf dem Gelände eines typischen Rundlingsdorfes, wie es vor etwa 1000 Jahren in Mecklenburg existiert haben mag. Zu den rekonstruierten Bauten aus dem 9. und 10. Jahrhundert, die ihr in Originalgröße erkunden könnt, gehören reet- und schilfgedeckte Hütten für die Besenbinder, Fischer und Imker des Ortes. Ihr erlebt eine Schmiede, eine Kräuterhütte und ein Kochhaus mit einer Feuerstelle, die früher der zentrale Versammlungsplatz des Slawendorfes war. Der alte Lehmkuppelofen wird auch heute wieder zu einem lebendigen Ort, wenn sich Familien und Schulklassen ihr Essen hier zubereiten.

Living History nennt sich das Konzept der Bildhauerin Dorothee Rätsch, in dem die Geschichte und das Leben des frühen Mittelalters erfahrbar werden. Ein archäologisches Museum als Erlebnisort, in dem man übernachten, töpfern, spinnen, schnitzen und schmieden kann.

Gut möglich, dass ihr, sobald ihr am kleinen Löschteich mit Schilfbestand oder der Märchenhütte vorbeigekommen seid, von fröhlichem Kinderlachen empfangen werdet. Denn als das Slawendorf vor Jahren zu zerfallen schien, übernahm glücklicherweise ein Berliner Verein für ganzheitliche Naturbildung das Projekt Slawendorf. Jetzt bereichert auch ein Natur- und Waldkindergarten diesen Ort, an dem schon die Kleinsten auf spielerische Art Zugang zur Vergangenheit und ihren eigenen Wurzeln erhalten.

Nach eurer Wanderreise durch die Zeit und einer hoffentlich erlebnisreichen Tour geht es wieder hinaus durchs mächtige Holztor

Das Feuchtgebiet bei Wrodow ist ein ideales Brutgebiet und Paradies für Wasservögel

und links am hohen Palisaden-
zaun des Slawendorfes entlang
ins ruhige Dörfchen Passentin.
Hinter der Dorfkirche führt
euch die links abzweigende
Straße zu einem wunderschönen bunten Staudengarten und
an einem gelben Haus vorbei
zum Weg nach Lapitz. Neben
der sehr ruhigen, kaum befahrenen 2 Kilometer langen Stra-

Wohnen wie vor 1000 Jahren

ße gibt es einen wunderbaren Grünstreifen zum Wandern.
Schattige Bäume begleiten euch auf einem Weg, der sich an Blumen-
wiesen und Auwäldchen vorbei durch die Natur schlängelt. Ihr
wandert durch ein Feuchtgebiet, in dem es früher einmal einen großen See gab. Eine kleine Pflasterstein-Brücke führt euch über den
schmalen Aalbach. Danach geht es über einen sandigen, die Straße
begleitenden Weg sanft wellig weiter.
Lapitz ist ein Ortsteil der Gemeinde Kucksee, die euch mit bunten,
fröhlichen Häusern und – nomen est omen – einem kleinen See empfängt. Doch nicht etwa der wunderschöne, von kräftigem Schilf gesäumte Dorfteich ist gemeint, sondern der SALZSEE ❷, den ihr
über die Wege Am Teichgraben und An der alten Schmiede erreicht.
Biegt am Ende links auf die Straße Unter den Linden ab, dann seht
ihr schon die Wegweiser zum größten See des Dorfes.
Der Salzsee erhielt seinen Namen, weil er auf der alten Salzroute
liegt. Bereits vor dem Jahr 1300 gab es in den mecklenburgischen
Gemeinden Brüel und Malliß zwei Salinen, die ein halbes Jahrtausend
lang genutzt wurden.

*IN DEN NATURBELASSENEN WÄLDERN ÖSTLICH
DES SALZSEES BRÜTET DER SELTENSTE GREIFVOGEL
DEUTSCHLANDS, DER SCHREIADLER. IN BRANDEN-*

*BURG UND MECKLENBURG-VORPOMMERN LEBEN
DERZEIT NUR NOCH RUND 120 PAARE. DIE NABU-
STIFTUNG, DIE DAS WALDGEBIET UND DAS OFFENLAND
RUND UM KUCKSEE UND WRODOW ERWORBEN HAT,
KÜMMERT SICH HIER SOWOHL UM DIE SCHREIADLER
ALS AUCH DIE BESTÄNDE DER FISCHADLER.
DER SCHREIADLER IST EIN ZUGVOGEL, DER NUR
DIE WARME JAHRESZEIT IN MECKLENBURG VERBRINGT
UND IM SÜDLICHEN AFRIKA ÜBERWINTERT.*

TOUR 20 // KUNSTSCHLOSS WRODOW

Es gibt in Lapitz, gleich gegenüber dem Weg zum Salzsee, ein oft fotografiertes Straßenschild. Der sehr hübsche Name »Weg nach Afrika« ist allerdings kein augenzwinkernder Hinweis auf das Winterquartier der Schreiadler. Der schöne Hintergrund dieses Namens geht auf die Künstlerin Karin Camara zurück, die in Lapitz lebt. Von einer ihrer früheren Reisen nach Westafrika brachte sie ihren aus Guinea stammenden Mann mit ins mecklenburgische Dorf. Das Straßenschild ist quasi als ständiger Willkommensgruß des Ortes Lapitz an das Paar zu verstehen.

Bevor es weiter in Richtung Wrodow geht, solltet ihr unbedingt dem Salzsee mit seinem hübschen Steg und der Liegewiese einen kleinen Badebesuch abstatten. Die hinteren, sehr morschen Stege am Gewässer sind jedoch zu meiden.

Von Lapitz aus sind es nur 2 Kilometer bis zu unserem nächsten Höhepunkt, dem WIESENBLICK WRODOW **3**. Folgt dem Hauptweg Unter den Linden nach links, und biegt hinter der Hausnummer 23a Richtung Wrodow ab. Nach der Pferdekoppel begleiten euch die ökologisch bewirtschafteten Grünflächen hinauf auf eine Anhöhe, die von den Dorfbewohnern von Wrodow selbst gestaltet wurde. Wer jetzt ein Fernglas dabeihat, darf sich glücklich schätzen. An sonnigen Tagen glänzen und flimmern die silbrigen Flächen des Flachwassers unten bis zum Horizont. Wasserbüffel streifen gemächlich und mächtig durchs Wasser. Fischotter machen hier ihre Tauchgänge, während über ihnen die Seeadler kreisen. Graureiher gleiten im Anflug über die funkelnde Wasserpracht, manche von ihnen tragen den erbeuteten Fisch glitzernd im Schnabel, als sei er ein obligatorisches, modisches Accessoire. Im Herbst zeigen hier die Kraniche ihr Flugformationen. Der Wiesenblick in Wrodow ist mit Abstand der schönste Aussichtspunkt auf dieser Tour.

Was jetzt noch zum vollkommenen Glück dieser Wanderung fehlt, wartet gleich um die Ecke an einem hübschen Dorf-Löschteich. Das

Das Kunstschloss Wrodow hat seit seinem Beginn als Gut Wrodow im 16. Jahrhundert viele Wandlungen erfahren

prächtige KUNSTSCHLOSS WRODOW ④ erreichen die zügig Wandernden unter euch in knapp einer Viertel Stunde. Ein malerischer Pflastersteinweg namens Dorfstraße führt zum Joseph-Beuys-Weg und an einen Teich, in dem sich das weiße Schloss mit seinem roten Dach und Turm spiegeln. Im Idealfall sitzt gerade ein klapperndes Schloss-Storchenpaar samt Nachwuchs oben auf dem Zinnennest.

NOVALIS SAGTE EINST: »JEDER MENSCH KANN EIN KÜNSTLER SEIN.« GEGENÜBER VOM KUNSTSCHLOSS WRODOW, AN DER MAUER EINES EHEMALIGEN STALLGEBÄUDES, DAS JETZT ALS KUNSTHALLE, CO-WORKING-SPACE UND CAFÉ GENUTZT WIRD, IST ZU LESEN, WIE JOSEPH BEUYS DIE SACHE SAH: »JEDER MENSCH IST EIN KÜNSTLER!«

Eine wunderbare Mischung traf da in den neunziger Jahren aufeinander. Aus Berlin stammende, für alles offene Schlossbesitzer mit Beuys'schen Ideen und mit südlichem Temperament ausgestattete Dorfbewohner, die größtenteils als Aussiedler aus Bessarabien und der Bukowina stammen. Das Ergebnis: wilde Opernbälle, in denen sich alle im Stil der Zeit kleiden, Zadek'sche Inszenierungen rund um

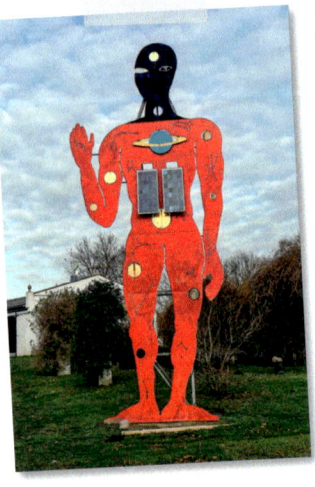

den Feuerlöschteich, ein Prinzessinnenbett und lehmverputzte Räume im Schloss, in denen sich eine ehemalige Viehtränke der Nachbarin als Badewanne wiederfindet. Rosa von Praunheim drehte hier zwei viel beachtete Dokumentarfilme. Einer von ihnen heißt schlicht »Wunderbares Wrodow«. Ein Ort, den nicht nur die Berliner und Berlinerinnen entdecken sollten, denn er steht – so das Motto der Besitzer – als unvollendeter, unfertiger Ort allen Menschen offen.

166

ALLES, WAS IHR WISSEN MÜSST

Rundtour: nur abschnittsweise (in Passentin und Wrodow) **kinderwagengerecht** // Badesachen und Fernglas nicht vergessen! // Falls ihr vom Kunstschloss Wrodow nicht wieder den gleichen Weg nach Passentin wandern wollt, bietet sich als Variante ein Höhenweg zum Salzsee in Kucksee/Lapitz an. Von dort sind es dann 2,6 km zurück zum Ausgangsort Passentin. // **Empfehlenswerte kürzere Varianten der Tour:** vom Slawendorf Passentin zum Salzsee und retour, vom Kunstschloss zum Salzsee und retour.

Markierung: nicht einheitlich, besser Text oder GPS nutzen

Entfernung von: Berlin 139 Kilometer
ÖPNV: nicht zu empfehlen
Auto: Parkplatz direkt neben dem Eingangstor
zum Slawendorf Passentin, Passentin 8 a, 17217 Penzlin

Einkehr: Gaststätte Lapitz, Unter den Linden 10, 17217 Kucksee

Darßer Ort und Weststrand

Schwierigkeit: mittel // 14 Kilometer // 13 Höhenmeter
Für Familien mit Kindern sehr geeignet

EIN TRAUM VON STRAND
UND EIN LEUCHTTURM

Wollt ihr einmal richtig wilde, zerzauste Baumwindfrisuren sehen? Dann kommt mit auf diese Windwolkenwanderung zum Darßer Weststrand. Diesen zauberhaften Strand auf der Halbinsel Fischland-Darß-Zingst hat der Sender ARTE unter die 20 schönsten Strände weltweit gewählt. Kein Wunder, denn so ungezähmt, charmant und urtümlich kommt in Europa kaum ein anderer Strand daher.

WALD AM DARßER WESTSTRAND

Den Weststrand auf dem Darß erreicht man nur zu Fuß, mit dem Rad oder mit der Pferdekutsche. Autos sind hier nicht erlaubt und das tut diesem Ort mehr als gut.

Der Start unserer Tour liegt am BERNSTEINWEG 9 **1** in Prerow gegenüber dem Hotel Waldschlösschen. 4 Kilometer weisen die beiden blauen Wegweiser zum Weststrand und Leuchtturm für Wanderer aus. Der Einstieg in den Leuchtturmweg ist ein kleiner Waldpfad, den man leicht übersehen könnte, wenn es die beiden Wegweiser an der Hauptstraße nicht gäbe.

Auch ein etwas malträtierter Kutschweg führt geradeaus durch den Wald ans Meer. Doch unser Wanderweg ist schöner und nimmt sich etwas mehr Zeit. Anfangs begleitet er den Kutschweg links ein Stück, aber dann später, so, als würde ihm das zu langweilig, fängt der Wanderweg an zu mäandern. An Orten, die besonders schön sind, scheint er sich bewusst viel Zeit zu lassen und schlängelt sich in kleinen Serpentinen um bemooste Bäume, knarzige Kiefern und wie Gnome aussehende Ameisenhügel.

Willkommen im Nationalpark Vorpommersche Boddenlandschaft! Bereits der Weg vom Seebad Prerow durch den Urwald, der einem

Jurassic Park ähnelt, verbreitet nichts als Staunen. Ein urwüchsiger, oft gespenstischer Wald ist das, ein mooriges, sumpfiges und moosiges Wunder. Knorrige Buchen, bezaubernde Erlen, bizarr geformte Kiefern, struppige Wacholdersträucher und wildromantische Heidelbeerbüsche so weit das Auge reicht.

DER SAGE NACH SOLL DER MÄRCHENHAFT SCHÖNE DARSS SAMT ZINGST EINST EINE INSEL GEWESEN SEIN, DIE SICH HOCH OBEN IM NORDEN WIE EIN BOOT AUF DIE WANDERSCHAFT IN DEN SÜDEN MACHTE. EIN SCHWERER STURM TRIEB UNTER PEITSCHENDEN WELLEN DIE WUNDERSAME INSEL BIS NACH MECKLENBURG. ERST HIER BERUHIGTEN SICH DIE WELLEN UND WINDE, DENN DIE INSEL HATTE IHRE EIGENTLICHE BESTIMMUNG UND HEIMAT GEFUNDEN. AUS SEHNSUCHT NACH EINEM ANKER UND HALT BILDETE SIE EINE SCHMALE BRÜCKE AUS ZAUBERWALD AUS, DIE SIE ZWISCHEN BODDEN UND MEER MIT DEM FESTLAND VERBAND.

Eine zauberhafte Landbrücke ist das. Eine wundervolle Idee der sagenumwobenen einst dänischen Insel, sich hier mit dem Land der Mecklenburger zu verbinden. Auch ein Schloss soll es hier einmal gegeben haben. Trolle aus dem Norden seien mit dem Inselschiff hierhergekommen, hätten à la Robin Hood betuchte Leute bestohlen und ihre Schätze im Wald versteckt.

Wir kreuzen den breiten Kutschweg und verschwinden dahinter unter einer Kuppel aus Bäumen. Das ist der große Vorteil dieser Wanderung: Selbst in heißen Sommern findet ihr überall Schatten. Einen Sonnenbrand bekommt ihr hier nicht.

Irgendwann nach einer Stunde des staunenden Wanderns hört man durch den Wald der Wunder die Brandung des Meeres. Ein Schild zeigt euch an, dass es nur noch 1,5 Kilometer bis zum Leuchtturm sind. Wer das Meer noch nicht riechen kann, der hört es irgendwann. Das Rauschen, das Rollen der Meeresbrandung sucht sich seinen Weg durch das Blätterwerk der Bäume. Eine schöne, ferne Verheißung, die Lust macht auf Meer.

Aus der Dunkelheit der dichten Bäume tretet ihr an einen lichtumfluteten Strand mit hellem Sand. Ein roter LEUCHTTURM ❷ lädt dazu ein, die 134 Stufen nach oben zu steigen und einmal bis nach Dänemark zu gucken. Er ist das älteste Leuchtfeuer der Ostsee, das heute noch betrieben wird.

Einmal gaaanz tief durchatmen, bitte! Der Wind am Darßer Weststrand legt sich auch an strahlenden Sonnentagen gern mächtig ins Zeug. Die Lungen füllen sich hier, wo der Wald fast unmittelbar auf das Meer trifft, mit einer würzigen Prise Luft. Erfrischend klar und rein. Einige Kiefern oben auf der Düne strecken ihre Äste vor dem

Den Holzbohlenweg über die Dünenlandschaft
am Darßer Weststrand darf man nicht verlassen

dunkelroten Leuchtturm landeinwärts und sehen aus, als würde ein gewaltiger Fön ihre Äste in nur eine Richtung wehen. Eine völlig wilde, zerzauste Baumwindfrisur ist das. Kein Wunder, dass man diese Bäume auch Windflüchter nennt.

Es geht an einem hübschen Relieftisch vorbei, der den Leuchtturm auch in Klein zeigt. Hier könnt ihr euch einen Überblick über das Gelände des NATUREUMS ❸ verschaffen, das vom Deutschen Meeresmuseum seit 1991 betrieben wird und euch über die Flora und Fauna auf dem Darß informiert.

Süßes Raubtier: Kegelrobbe

DAS NATURMUSEUM VERDEUTLICHT AUCH DEN KÜSTENRÜCKGANG AM LEUCHTTURM, DENN DIE TAGE DORT – DAS VERKÜNDET AUCH EINE INFOTAFEL – SCHEINEN GEZÄHLT. WIR ERFAHREN, DASS DIE EINST HIER ZAHLREICH ANSÄSSIGEN SEEHUNDE UND KEGEL-ROBBEN FAST VOLLSTÄNDIG AUSGEROTTET WURDEN, WEIL MAN SIE BIS 1950 ALS FISCHEREISCHÄDLINGE ANSAH. AM DARSSER ORT FINDEN DIE TIERE NUN EINE RUHEZONE, DIE SIE GELEGENTLICH AUFSUCHEN. DIESER FLACHWASSERBEREICH BIETET GÜNSTIGE VORAUSSETZUNGEN FÜR DIE NATÜRLICHE WIEDER-ANSIEDLUNG DER MEERESSÄUGER.

Der Eingang zum Naturpark Rundwanderweg ist leicht zu finden. Eine Holzstele zeigt euch den 3,7 Kilometer langen Weg an. Wir gehen ihn gegen den Uhrzeigersinn und kommen erst am Schluss an den Strand zurück.

Es ist ein traumhaft schöner Rundweg durch den Naturpark, der lange über hölzerne Bohlenstege führt, die über die Dünen und den Sumpf mäandern. Von einer PLATTFORM 4 kann man in der Ferne das Damwild sehen. Gut, hier ein Fernglas dabeizuhaben, um die mächtigen Geweihträger nicht zu verpassen. Während der Wanderung glänzt und funkelt links und rechts das Schilf in der Sonne. Auf den Feuchtwiesen haben sich schon die ersten Kraniche niedergelassen und sammeln ihre Kräfte für die nächste weite Reise. Jedes Jahr im Frühjahr und Herbst zieht es die Kraniche zum Darß. Auf den Maisfeldern im Umland finden sie genug Nahrung, um Kraft für den langen Flug zu sammeln.

Selbst an sonnigen Tagen, an denen sich kaum eine Wolke blicken lässt, seid ihr bei dieser Wanderung oft für euch. Die meisten Besucher bevorzugen den Strand.

Ehrlich – ist das alles nicht zum Heulen schön? Die Sonne, die hier einen glitzernden Lichtzauber auf das Meer und über die Landschaft legt, das Windatmen der Natur und die brandenden Wellen. Selbst das Geschrei der Möwen fügt sich hier harmonisch ein. Naturgeräusche lärmen ja nicht, selbst wenn der Wind mal etwas kräftiger bläst und die Möwen lauter schreien. Die wild gestikulierenden Äste der Windflüchter zeigen euch am Strand die Richtung an.

Noch Stunden nach dem Besuch des Weststrandes auf dem Darß ist einem, als spüre man den Wind in den Haaren. Die Brandung rollt noch lange in der Ohrmuschel. Man schließt die Augen und hört das Rufen der Möwen. Gänsehautgefühl.

Das Schöne an alldem: Eine Wanderung zum Darßer Weststrand ist zu allen Jahreszeiten ein ganz besonderes Erlebnis.

ALLES, WAS IHR WISSEN MÜSST

Rundtour: kinderwagengerecht (am Strand natürlich nur bedingt) // Badesachen und Fernglas nicht vergessen! // Auf dem 100 Meter weiter südlich vom Hotel Waldschlösschen (Bernsteinweg 9) in Prerow gelegenen Kutscherweg könntet ihr auch im Kremser zum Weststrand gelangen. Oder vom Strand mit der Pferdekutsche zurückfahren, falls es junge Wanderer gibt, die müde geworden sind.

Markierung: blaue Wegweiser zum Weststrand

Entfernung von: Rostock 48 Kilometer und Berlin 285 Kilometer
ÖPNV: Direktverbindung ab Berlin mit Flixbus: von April bis September direkt nach Prerow // Mit dem Zug von Berlin nach Ribnitz-Damgarten oder Barth, von dort mit Bussen des VVR (Linie 210)
Auto: mehrere kostenpflichtige Parkplätze am Bernsteinweg, 18375 Prerow

Einkehr: Darßer Leuchtturm, Waldstraße 5a, 18375 Prerow

Usedom zwischen Ostsee und Achterwasser

Schwierigkeit: mittel // 8 Kilometer // 16 Höhenmeter
Für Familien mit Kindern geeignet

BERNSTEINPERLE DER OSTSEE:
VERSTECKTER HAFEN, SALZHÜTTEN …
UND EINE VERSUNKENE WELTSTADT

Neben den bekannten Kaiserbädern Ahl-
beck, Bansin und Heringsdorf gibt es auf
der Ostseeinsel Usedom auch Schönheiten,
die weniger bekannt sind. Wie zum Beispiel das Bernsteinbad Zempin, das kleins-
te Seebad der Insel. Bernsteinbäder werden
die Fischerorte Zempin, Kosserow, Lod-
din und Ückeritz genannt, weil sie wie an
einer Kette aneinandergereiht am Meer
liegen. Zempin mag zwar klein sein, aber
es ist ein durchaus besonderer Ort. Mit
seinem hellen Sand, den wilden Dünen
und seinen Steilküstenabschnitten ist

schon der Strand von Zempin absolut bilderbuchreif. Doch erst die
romantische Lagune mit ihrem sanften Wellenrauschen und ihren
ruhigen Schilfgürteln macht Zempin außergewöhnlich.
Die Lagune, die durch den Zufluss der Peene entstanden ist, wird
auch als Achterwasser bezeichnet. An dieser schönen, seeartigen
Boddenlandschaft zwischen der Insel Usedom und dem nahen Festland liegt der historische Ortskern und einzige Hafen des Ortes, der
erstmals 1571 als Zempihn erwähnt wird.
Für unsere Wanderung treffen wir uns an unserem Ausgangspunkt,
dem hübschen runden Dorfplatz, direkt am kleinen, idyllischen
Bootshafen am Ende der Fischerstraße. Charakteristisch sind hier
am Achterwasser vor allem die reetgedeckten Häuser. Wobei das
Rathaus großen Wert darauf legt, sie »rohrgedeckte Häuser« zu nennen. Schließlich handele es sich ja um Schilfrohr, das man für die
Dächer verwende. Über 50 dieser Rohrdachhäuser gebe es heute
noch in Zempin, teilt man dort gerne mit.
Vom Dorfplatz am Hafen mit seinen wunderschönen Holzfiguren
und einer fliegenden Bücherei sind es nur wenige Schritte hinüber
zur alten Schule in der Fischerstraße 11. UNS OLLE SCHAUL ❶
ist heute ein Museum und Vereinshaus, in dem ihr eine wunderbare

Ausstellung im alten Schulhaus

Rekonstruktion eines alten Krämerladens mit dem originalgetreuen Mobiliar aus dem Jahr 1928 sehen könnt. Faszinierend sind auch die über 30 selbst gebauten Bootsmodelle des Zempiner Fischers Konrad Tiefert.

Drei bunte Fische sind die Symbole für drei verschiedene offizielle Wanderrouten, die euch vom Hafen aus durch den Ort Zempin führen könnten. Wir wollen aber die ausgetretenen Trampelpfade so selten wie möglich betreten und weichen deswegen mit Freude auf dieser Wanderung von den üblichen Wegen des Massentourismus ab.

Unser nächster Höhepunkt liegt allerdings nur etwas abseits: eine 350-jährige Eiche, die ihr am heutigen Anglerhafen des Achterwassers und direkt an einem Spielplatz findet, den man – auch passend zum Alter der Eiche – Mehrgenerationenspielplatz nennt. Falls ihr euch an einer Umarmung des Baumes versucht, solltet ihr den Stammumfang von 4,5 Metern bedenken. Ein auch umfangsmäßig familiengerechter Baum. An der Hafeneiche heißt es erst mal entspannen, den Panoramablick genießen und großes (Natur-)Kino erleben, bevor ihr euch Am Achterwasser auf den Alt Zempiner Weg Richtung Inselhof Vineta begebt.

VOR ZEMPIN SOLL EINST DIE SAGENUMWOBENE, ANGEBLICH AUS BERNSTEIN ERSCHAFFENE STADT VINETA VERSUNKEN SEIN. DIE SAGE ERINNERT EIN WENIG AN DAS UNTERGEGANGENE ATLANTIS. VINETA, DIE GRÖSSTE, SCHÖNSTE UND REICHSTE HANDELSSTADT

Bernstein wird übrigens eine schmerzstillende und beruhigende Wirkung nachgesagt. Falls ihr keinen am Strand findet, tut es vorerst auch der beruhigende Schilfgürtel, den ihr entlang des Hafenwegs bewundern könnt. Am empfehlenswerten Hotelrestaurant Vineta bietet die Terrasse einen grandiosen Ausblick.

Unten am Wasser laden die Sitzbänke dazu ein, euch den Seewind um die Nase wehen zu lassen und den Enten zuzuschauen, die auf

Nach dem Anlanden wird der frische Fisch in den Fischerhütten direkt verkauft

FARNMEER IN DER HEXENHEIDE

dem Wasser treiben. Der in der Sonne schimmernde Schilfgürtel ist Schutz- und Lebensraum der hiesigen Wasservögel. 280 Vogelarten, darunter allein elf Greifvogelarten, sind auf Usedom heimisch.

Weiter geht es an einer Elfe vorbei, die hier über dem Wasser schwebt, hinein in einen wild wuchernden Seeschilfdschungel, den man so in Zempin nicht erwartet hätte. Wir verabschieden uns vom Achterwasser, gehen landeinwärts an einer Pferdeweide vorbei, die einen weiten Blick auf Windflüchter gewährt, und kommen zwischen dem Woschenfeld (rechts) und dem Escholz (links) zu wunderschönen Korbweiden und an einen Naturlehrpfad.

Auf der Dorfstraße geht es nun weiter auf dem offiziellen Großen Rundweg Zempin, der durch einen dunkelblauen Fisch gekennzeichnet ist. Über Bahngleise und über die Hauptstraße (Bundesstraße 111) führt euch dieser Wanderweg hinunter Richtung Campingplatz, Strand und Ostsee.

Vorher bietet sich allerdings eine kleine Exkursion an, die euch zur HEXENHEIDE ❷ führt. Geht ihr vom Campingweg links in den Wald, werdet ihr dort ein regelrechtes Meer aus Farnen entdecken. Eine prächtige Überraschung, die ihr verpasst, wenn ihr nur dem offiziellen, auf Wanderkarten eingezeichneten Weg folgt.

Zurück auf dem Campingweg kommt ihr zügig zum Strand. Doch denkt daran, während es am Meer von Sommergästen nur so wimmelt, die dort dicht an dicht liegen, könnt ihr am Achterwasser – keine 2 Kilometer entfernt – totale Ruhe genießen. Keine Strandkörbe, keine Verkaufsstände, nur die Schreie der Möwen und ein paar Wildgänse als Begleiter. Wie schön, dass wir auf dieser Rundwanderung an diesen ruhigen Ort zurückkehren werden.

Der blaue Fisch führt euch am Strandaufgang 7 M zu einem Textilstrand. Wer lieber blank zieht, sollte 700 Meter nach links zum FKK-Strand wandern. Ansonsten geht es hier, von Meeresrauschen begleitet, an einer großen DLRG-Station vorbei zum KURPLATZ **③**, den alle diejenigen, die keine Strandläufer sind, auch oben auf dem Dünenweg erreichen können.

Die Pfähle, die hier in langer Reihe als Wellenbrecher ins Wasser ragen, nennt man übrigens Buhnen. Direkt am Kurplatz geht es auch zu Fischerkaten, in denen ihr euch mit geräuchertem Aal, Lachs, Heilbutt oder Rotbarsch eindecken könnt. Ein bisschen Wegeproviant kann ja nicht schaden.

Ein echter Geheimtipp ist der FKK Strandabschnitt in Zempin. Er liegt westlich der »Textilstrände«

ECHTE HINGUCKER IM OSTSEEBAD SIND DIE MALE-RISCHE FISCHERKATEN. DIE FRÜHEREN BÜDNER-HÄUSER ZEUGEN VON DEN ANFÄNGEN DES ORTES ALS FISCHERDORF UND SIND LIEBEVOLL BIS INS DETAIL RESTAURIERT. IHREN FANG KONSERVIERTEN DIE FISCHER USEDOMS FRÜHER IN FENSTERLOSEN, REET-GEDECKTEN SALZHÜTTEN. ALS DIE KONSERVENDOSE AUFKAM, GING DIE EINLAGERUNG DER HERINGE IN SALZ MERKLICH ZURÜCK. DIE FRÜHEREN SALZHÜTTEN WURDEN DANACH VON DEN FISCHERN ALS LAGERRÄUME FÜR IHRE NETZE BENUTZT. EINIGE DER SALZHÜTTEN SIND HEUTE RESTAURIERT UND IN ZEMPIN IN PRIVAT-BESITZ ODER WERDEN TOURISTISCH GENUTZT.

Vom Kurplatz und dem dortigen Promenadenweg zweigt links der Kieferngrund ab. Ein schöner schattiger Waldspaziergang, speziell an heißen Sommertagen eine Wohltat. Herrlich, so nah am Strand zu sein, das Meer zu hören und die Kiefernharze einzuatmen. Eine sehr gesunde Mischung für alle, die ihrer Lunge etwas Gutes tun wollen. Über den Oberförsterweg (nach links) und den Dünensteig kommt ihr wieder zum Strand, an dem ihr nach rechts entlangwandert, bis ein Deichweg angezeigt ist. Der Hochdeichweg bringt euch im Osten Zempins an einen Hinweis auf das NIEMEYER-HOLSTEIN-GEDENK-ATELIER ❹. Ihr überquert die Bundesstraße 111 und die Bahngleise – das Museum liegt nun unübersehbar vor euch. Der

traumhafte Garten des Künstlers mit einem seltenen Blick auf einen kleinen Privathafen ist ein Muss. Ein wunderschöner Wanderpfad bringt euch am Achterwasser entlang, inklusive kitschig-schönen Kühen und Reethäusern, zurück zum Hafen von Zempin.

ALLES, WAS IHR WISSEN MÜSST

Rundtour: abwechslungsreiche Traumwanderung, teilweise am Strand // für Kinderwagen nur bedingt geeignet // Badesachen nicht vergessen!

Markierung: nicht einheitlich, besser Text oder GPS nutzen

Entfernung von: Berlin 249 Kilometer
ÖPNV: Direktverbindung von Berlin nach Usedom mit dem Flixbus. Mit dem Zug nach Ribnitz-Damgarten oder Barth, von dort mit Bussen des VVR (Linie 210)
Auto: kostenlose Parkmöglichkeiten in Zempin, am Hafen in der Dorfstraße, 17459 Zempin

Einkehr: Inselhof Vineta, Am Achterwasser 1, 17459 Zempin // **Fischgaststätte Taun Fischer un sin Fru,** Waldstraße 11, 17459 Zempin // **Strandfischer in Zempin,** Nähe Kurplatz am Strand, Kieferngrund, 17459 Zempin

KUNSTPFAD AHRENSHOOP

Schwierigkeit: leicht // 5 Kilometer // 7 Höhenmeter
Für Familien mit Kindern geeignet

*DIE MIT DEM LICHT MALEN: FARBRAUSCH
IN DER EINSTIGEN BADEWANNE BERLINS*

Im Seebad Ahrenshoop kommt alles zusammen, was wir für eine wunderschöne Tageswanderung an der Ostsee suchen: feinsandiger Strand, ein weiter Horizont, gute Luft, urwüchsige Wälder und das wunderschöne Licht des Nordens. Dieses ganz besondere Licht hat vor über 100 Jahren, als das kleine Dorf gerade einmal 640 Einwohner hatte, auch die Künstler verzaubert, die aus Hamburg, Berlin oder München ans Meer kamen, um nach Ruhe und landschaftlicher Idylle zu suchen.

Für das kleine Fischerdörfchen Ahrenshoop, ein bis dahin abgelegener Ort an der Grenze zwischen Mecklenburg und Vorpommern, begann mit den Pinselstrichen der Malerinnen und Maler eine Reise, die das Seebad heute auch zu einem bedeutenden europäischen Kulturort macht. Für uns Wanderer hat dieser Ort eine ganz besondere Überraschung parat, die wir auch diesen ersten künstlerischen Entdeckern zu verdanken haben.

Anlässlich des 125-jährigen Jubiläums der Künstlerkolonie Ahrenshoop wurde 2017 ein Kunstpfad eingerichtet, der uns die Entstehungsorte von zehn verschiedenen Kunstwerken zeigt. Eine wunderbare Idee, die Künstlerinnen und Künstler nach all den Jahren auf einer Wanderung an unbekannte Orte zu begleiten, die wir wahrscheinlich ohne ihren Blick für die Landschaft und das Leben im Fischerdorf so nie entdeckt hätten.

Der offizielle Kunstpfad beginnt am Hohen Ufer und endet im Hafen. Wir wandeln diese Tour etwas ab und ziehen den Hafen Althagen samt Fischern, Zeesbooten und dem phantastischen Saaler Boddenblick vor. Aus gutem Grund, wie ihr später sehen werdet.

Wir starten die Tour an der Kurverwaltung und Touristeninformation im Kirchnersgang 2. Es lohnt sich, hier

Kleinkunst aus dem Automaten

vorab aktuelle Infos einzuholen, denn immer wieder kommt es an der nahen Steilküste zu Abbrüchen und zur Sperrung von Strandabschnitten.

DAS BIS ZU 20 METER HOHE FISCHLAND-HOCHUFER, SCHLICHT AUCH DAS HOHE UFER GENANNT, ERSTRECKT SICH ÜBER 3 KILO-METER VON DER WUSTROWER SEEBRÜCKE BIS ZUM GRENZWEG IN AHRENSHOOP. DAS MARKANTE KLIFF IST DAS AM MEISTEN VON DER ABTRAGUNG DURCHS MEER BETROFFENE UFER AN DER OSTSEEKÜSTE VON MECKLENBURG-VORPOMMERN. DIE ABBRÜCHE WERDEN VOM MEER WEGGESPÜLT. JEDES JAHR WEICHT DIE KÜSTE DURCH DIESE ABTRAGUNGEN UM ETWA 60 ZENTIMETER ZURÜCK.

Von der Kurverwaltung aus sind es nur ein paar Schritte bis an die Ostsee. Wer sich aber lieber reetgedeckte Häuser als den Strand anschauen möchte, kommt alternativ auch über den Niemannsweg und den Grenzweg zu unserer ersten Kunst-Station.

Ansonsten einfach den Strandübergang 12 hoch, an der DLRG vorbei über einen kleinen Dünenhügel und schon seid ihr am Meer. Dann wandert ihr den Strand links entlang bis zum Übergang 14 und steigt dort nach oben zu unserem ersten Kunstwerk, Blick auf Ahrenshoop von Paul Müller-Kaempff.

An den einzelnen Stationen erfahrt ihr auf Schautafeln etwas über die Entstehung der Werke und die Künstler. Die Reproduktion des Gemäldes ist dabei jeweils so ausgerichtet, dass ihr die gleiche Sichtachse wie der Maler oder die Malerin habt. Spannend, deren damaligen Blick auf Ahrenshoop mit dem zu vergleichen, was wir heute sehen. Paul Müller-Kaempff gilt als der Begründer der Künstlerkolonie Ahrenshoop. Als er 1889 mit seinem Freund, dem Maler Oskar Frenzel, hier über das Hohe Ufer wanderte, war er sofort fasziniert von der Ruhe und malerischen Aussicht über die Dünung. »Dies war ein Studienplatz, wie ich ihn mir immer erträumt hatte«, sollte er später sagen. 1894 gründete Müller-Kaempff hier die erste Malschule, die als heutiges Künstlerhaus Lukas weiter besteht.

Das zweite, ausdrucksstarke Kunstwerk auf unserem Weg stammt von Hugo Jaeckel und trägt bereits expressionistische Züge. Es heißt HOHES UFER ❶ entstand 1910/15 und steht auf einer Hochterrasse über dem Meer, die ihr über den Strandübergang Nr. 15 erreicht.

Die Küste bei Ahrenshoop ist bei starkem Seegang und durch Strömungen stark gefährdet

Falls ihr Interesse habt, einige Gemälde auch einmal im Original zu sehen, lohnt der Weg hinunter zum KUNSTMUSEUM ❷, das neben der Dauerausstellung zur Künstlerkolonie Ahrenshoop auch immer wieder hervorragende Wechselausstellungen bietet. Auch Anselm Kiefer und Georg Baselitz waren schon hier zu Gast.

Rechts hinaus geht es dann über die Althäger Straße zum Hafenweg, eine richtig urige alte Pflastersteingasse, die euch an einer Weide und einem Restaurant namens Räucherhaus vorbei zur nächsten Kunststation und zum HAFEN ALTHAGEN ❸ führt. Das Gemälde »Stille Stimmung an der Fulge« von Elisabeth von Eicken entdeckt ihr direkt vor der Fischland Brauerei. Wenn ihr davorsteht, habt ihr auch die hölzerne Arche Noah eines Kinderspielplatzes im Blick. Ein schöner Dialog zwischen Kunsthistorie und heutiger Realität: Alter Boddenkahn trifft Arche.

Fröhliches Figuren-Ensemble im Garten
der Kunstwerkstatt des Dornenhauses

Vom Nordwestufer des Saaler Boddens aus könnt ihr am Hafen Althagen eine Bootstour auf einem traditionellen Zeesenboot machen und euch ein wenig den Wind durch die Haare wehen und über die Wellen des Boddens treiben lassen.

Am Hafen von Ahrenshoop

DIE AUS EICHENHOLZ GEFERTIGTEN ZEESEN-BOOTE MIT IHREN CHARAKTERISTISCHEN BRAUNEN SEGELN WURDEN IN DER LETZTEN HÄLFTE DES 19. JAHRHUNDERTS FÜR DEN FISCHFANG VERWENDET. DIE FLACHEN LAGUNEN-GEWÄSSER DES BODDENS ERFORDERTEN BOOTE MIT GERINGEM TIEFGANG. DIE FISCHER LIESSEN SICH IHRE BOOTE INDIVIDUELL FERTIGEN. JEDES ZEESENBOOT, DAS AUF PLATTDEUTSCH ÜBRIGENS NUR KURZ ZEESBOOT GENANNT WIRD, WAR EIN UNIKAT. UND DAS SIND DIE BOOTE, DIE HEUTE ZUM UNESCO WELTKULTURERBE GEHÖREN, NATÜRLICH IMMER NOCH.

Der Begriff Zeesenboot geht auf eine Fangtechnik zurück, die sich Zee-sen nennt, erzählt ein Fischer am Räucherhaus, wie diese aber genau funktioniert, würde er euch lieber selbst auf einer Bootsfahrt erklären. Alternativ zur Bootstour könntet ihr euren Besuch im Hafen auch mit einem schönen Spaziergang durch die erfrischende Boddenland-schaft verbinden. Richtung Osten führt ein Weg an Wiesenblumen, Schilf- und Sumpfpflanzen an einem Entwässerungsgraben und am Deich entlang. Wer die richtige Zeit und einen guten Tag erwischt, kann hier – nicht weit vom Hafen entfernt – Schwäne, Störche und Graureiher entdecken.

Vom Hafen aus geht es über den Hafenweg zurück zur Althäger Straße, die ihr nun nach rechts entlangwandert, bis rechts der Bernhardt-Seitz-Weg abzweigt. Die nächsten Stationen des Kunstpfades, »Das rote Haus in Althagen« (1910) von Dora Koch-Stetter und das »Dornenhaus im winterlichen Tauschnee« (1893/94) von Elisabeth von Eicken könnt ihr nicht übersehen. Für »Das rote Haus« hat man eigens eine kleine Anhöhe geschaffen, samt hübscher Holzbank und rotem Wasserhydranten.

Das pittoreske Dornenhaus steht heute noch im Bernhardt-Seitz-Weg 1 und es sieht immer noch so bezaubernd aus wie auf dem Gemälde. Eine Besichtigung der Kunstwerkstatt und des wundervollen Gartens voller humorvoller und erotischer Kunst ist wirklich lohnend.

Das nächste Highlight ist nicht weit: Ein kunterbunter Kunstautomat an dem man sich, gegen einen kleinen Obolus, tatsächlich Kunst im Kleinformat ziehen kann. Die Attraktion von Ahrenshoop schlechthin ist allerdings, gleich nach dem Meer und dem Hafen, die MÜHLE ④. Auch kulinarisch ist das hauseigene, Kaffeemühle genannte Restaurant, ein funkelnder kulinarischer Stern an der Ost-

see. Absolut empfehlenswert – und bloß den Café-Garten nicht verpassen. Die Schafherde, die ihr kurz hinter der Mühle sehen könnt, ergibt natürlich ein phantastisches Motiv. Auf dem Gemälde »Boddenblick mit Mühle« von Carl Malchin aus dem Jahr 1893 sind die Schafe leider noch kein Thema. Ihr findet diese Station des Kunstpfades hinter der Schafweide der Mühle. Eine 20-minütige Feldweg-Wanderung bringt euch dann zum Kunstwerk »Am Waldesrand« von Friedrich Grebe, das ihr auch im Original im Kunstmuseum sehen könnt. Über einen linksseitigen Bogen kommt ihr zurück zur Dorfstraße, in die Ortsmitte und zu weiteren Orten der Kunst.

ALLES, WAS IHR WISSEN MÜSST

Rundtour: nur bedingt kinderwagengerecht,
da die Wanderung auf teils unbefestigtem Untergrund
und am Strand erfolgt // Badesachen sind ein Muss

Markierung: gute Hinweisschilder auf Attraktionen
im Ort, keine eigene Markierung für den Kunstpfad,
Text oder GPS benutzen

Entfernung von: Berlin 263 Kilometer
ÖPNV: über Rostock Hbf und Ribnitz-Damgarten
Auto: Parkplatz am Paetowweg, 18347 Ahrenshoop;
Parken an der Touristikinformation, Kirchnersgang 2,
18347 Ahrenshoop, leider nur für eine Stunde

Einkehr: Mühle Ahrenshoop, Feldweg 7,
18347 Ahrenshoop, muehle-ahrenshoop.com

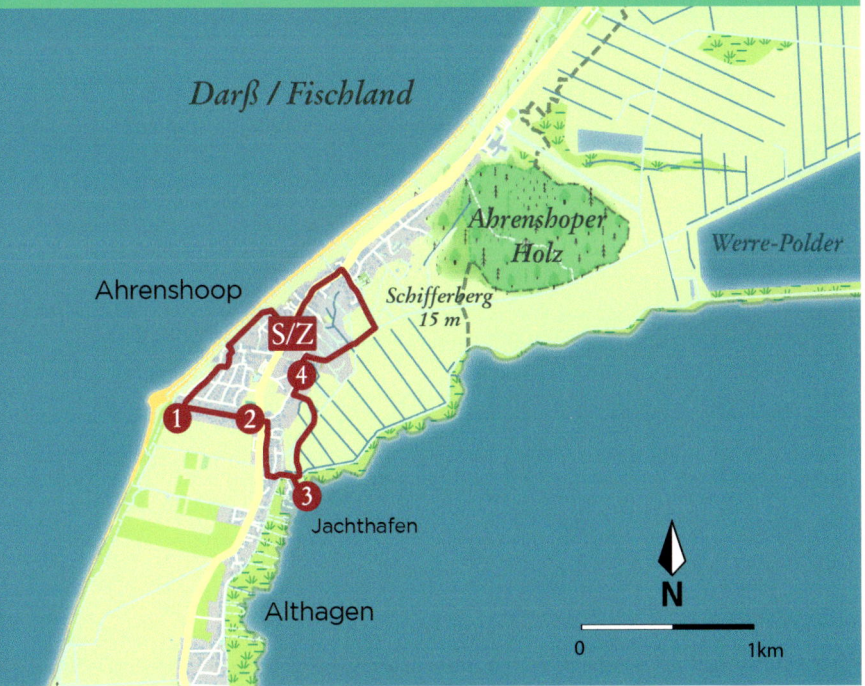

Greifswalder Bodden und Dänischer Wiek

Schwierigkeit: leicht // 8 Kilometer // 18 Höhenmeter
Für Familien mit Kindern geeignet

*AM STRAND
DER SCHLAFENDEN BÄUME*

Hans ist ehemaliger Fischer und seit seiner Pensionierung ein begeisterter Wanderer. Er erzählt gerne von den schlafenden Bäumen, die man vor den Toren der Stadt Greifswald, nördlich vom Schloss Ludwigsburg direkt am Strand finden könne. »Das Meer unterspült dort die Steilküste und die Kiefern und

SCHLOSS LUDWIGSBURG

Eichen fallen dann einfach um, legen sich direkt auf den Strand. Sie legen sich hin und schlafen. Sie träumen wahrscheinlich davon, eines Tages eine weite Reise übers Meer anzutreten.«

Davon, dass mir Hans kein Seemannsgarn gesponnen hat, wollen wir uns bei dieser Wanderung mit eigenen Augen überzeugen.

Das Naturschutzgebiet Lanken – am Greifswalder Bodden – ist ein verwunschener Platz und einer der schönsten Küstenwälder der deutschen Ostseeküste. Ein wilder Ort, den die Einheimischen Drachenreich nennen. In der Natur symbolisiert der Drache ewiges Werden und Vergehen. Am Bodden ist der Küstenwald in ständiger Dynamik. Wind und Wasser zerren an ihm. Wie ein Bildhauer meißelt sich die Brandung durch die Steilküste und arbeitet sich am Wurzelgeflecht der Küstenbäume ab. Doch kaum jemand kennt diesen Ort. Besonders touristisch geht es an der Dänischen Wiek und dem Greifswalder Bodden also nicht zu.

Auch der Ausgangsort unserer Wanderung ist kaum bekannt. Neben all den namhaften Urlaubsorten auf Rügen, Usedom und dem Darß ist die Gemeinde Loissin und deren Ortsteil Ludwigsburg nur den wenigsten geläufig. Behördliche Einreichungen in die Landeshauptstadt Schwerin kamen früher denn auch mal mit dem Vermerk zurück, Ludwigsburg sei zwar bekannt, aber liege das denn nicht bei Stuttgart?

Wir beginnen diese Wanderung an der komplett sanierten wunderschönen LUDWIGSBURGER SCHLOSSKAPELLE ❶. Wahrscheinlich werden die meisten von euch mit dem eigenen Fahrzeug anreisen und es bietet sich an, gleich hier, neben der Kapelle, im Dorfzentrum zu parken. Die Kapelle existiert bereits seit dem Mittelalter und hat mit dem Gemälde »Anbetung der Heiligen drei Könige« des Malers August von Klinkowström ein echtes Kleinod zu bieten.

Es sind nur ein paar Schritte hinüber zum 400 Jahre alten SCHLOSS LUDWIGSBURG ❷, unserer nächsten Station. Es gehört neben den Schlössern in Ueckermünde und Schwerin zu den letzten noch bestehenden Renaissancebauten der pommerschen Herzöge. Ursprünglich als Witwensitz für Sophia Hedwig von Pommern-Wolgast errichtet, verfiel das Anwesen in der Zeit der DDR. Heute bemüht sich ein Förderverein um die Rekonstruktion.

Das Schloss Ludwigsburg befindet sich in einer langjährigen Renovierungsphase, kann aber besichtigt werden

Spannend, auf einer Führung des Fördervereins etwas über die Beziehungen zwischen den drei pommerschen Malern zu erfahren, die die Romanik begründeten. Der Maler und Schriftsteller Friedrich August von Klinkowström wurde 1778 im Schloss geboren, war ein Freund und Weggefährte von Caspar David Friedrich aus Greifswald. Zu diesem Zwei-

Die schlafenden Bäume

gestirn gesellte sich ein junger Maler namens Philipp Otto Runge aus Wolgast. Ein heute leider wenig bekannter Tausendsassa mit zahlreichen Talenten. Goethe schrieb einst über eine von Runges Radierungen: »... zum rasend werden, toll und schön zugleich.«

MANNTJE, MANNTJE, TIMPE TE,
BUTTJE, BUTTJE INNE SEE,
MYNE FRAU DE ILSEBILL,
WILL NICH SO, AS IK WOL WILL ...

Den Anfang des Märchens »Der Fischer und seine Frau« mit dem wunscherfüllenden Butt und der Fischersfrau die Kaiserin, Papst und letztlich Gott werden möchte, werdet ihr sicher kennen. Weniger bekannt aber ist, dass dieses Märchen nicht etwa von den Gebrüdern Grimm stammt (die es in ihre Sammlung Deutscher Volksmärchen aufnahmen), sondern von Philipp Otto Runge, dem Maler, der bereits mit 33 Jahren an Tuberkulose verstarb.

Runge, der einst mit Goethe zu Mittag aß und Aktmalerei in Kopenhagen studierte, gilt heute als der bedeutendste deutsche Maler der Frühromantik. Als Autor des Märchens »Der Fischer und seine Frau« ist er heute jedoch leider völlig unbekannt.

Vom Schloss und dem sehenswerten Schlossgarten wandern wir weiter den Strandweg hinunter, der an der alten Dorfschule (Nr. 1 a) und einem sehenswerten Keramik- und Kunstgarten mit dem Namen Idyll (Nr. 34) vorbeiführt.

Ihr folgt dem Strandweg hinunter bis zur SILBERPAPPEL ❸, einem wirklich schönen Baum und Naturdenkmal, das hier vom Gutsbesitzer Martin Weissenborn im Jahr 1909 gepflanzt wurde. Eine Tafel wünscht dem Baum weitere 100 Jahre. Ein Wunsch, dem wir uns gern anschließen, bevor wir hier in den Moorweg abbiegen. Er führt euch auf einem breiten sandigen Wanderweg an einem links liegenden Torfmoor vorbei in ein Waldgebiet und zu einem Hochsitz, hinter dem ihr an der ersten Weggabelung den rechten Weg einschlagt.

SUMPFDOTTERBLUMEN

Durchs Moorholz mit imposanten Fichten und Douglasien gelangt ihr zur nächsten Weggabelung. Nehmt dort den Abzweig nach links in nördlicher Richtung. Dieser Weg führt euch am Waldsaum entlang, an einem Feld vorbei, direkt hinauf bis zur Küste. Leider ist dieser Wegabschnitt nicht sonderlich gut beschildert.

Falls ihr zu weit gewandert sein solltet und diesen Abzweig verpasst habt, kämt ihr zur Bungalowsiedlung Loissin, was aber nicht weiter schlimm wäre. Wendet euch spätestens dort nach links und wandert einfach am Waldrand entlang, bis ihr auf den Bodden trefft. Die Küste könnt ihr keinesfalls verpassen.

Wahrscheinlich zieht es euch hier erst einmal hinunter zum Strand. Ein paar Kugelfindlinge sind hier zu sehen, Schilf, eine Steinsandbank. Im Herbst kann es hier sehr neblig werden, ihr aber habt hoffentlich eine weite Sicht auf den Bodden, diese vom Meer abgetrennte flache Lagune der Ostsee, die an diesem Strandabschnitt oft Schwäne zu Gast hat. Bernsteine werdet ihr dort übrigens kaum finden, falls ihr aber einen Stein mit einem Loch entdeckt, was sehr wahrscheinlich ist, so handelt es sich um einen sogenannten Hühnergott.

ALS HÜHNERGÖTTER BEZEICHNET MAN STEINE MIT EINEM NATÜRLICH ENTSTANDENEN LOCH. AN DER OSTSEE WURDEN DIESE STEINE, DIE MAN AUCH HEUTE NOCH AM GREIFSWALDER BODDEN AUF EINER STRAND-WANDERUNG FINDEN KANN, MIT EINEM NAGEL AN DIE HÜHNERSTÄLLE GEHÄNGT, UM DIE TIERE VOR UNGLÜCK ZU SCHÜTZEN, ALSO VOR GEWITTERN, FÜCHSEN UND DIEBEN BEISPIELSWEISE.

Der Strand der schlafenden Bäume verändert sich von Tag zu Tag

Mit Sicht auf die Küste und den Bodden geht es nun nach Westen, also links entlang zurück zu unserem Ausgangsort. Das, was sich hier Steilküste nennt, ist höchstens 5 Meter hoch. Wie ihr sehen könnt, ist sie an vielen Stellen bereits vom Meer angeknabbert und wird langsam unterhöhlt. Der oben auf der Dünung schnurgerade verlaufende Wanderweg wird später dort, wo es am ehesten zu Abbrüchen kommt, einen Schlenker landeinwärts machen. Das NATURDENKMAL GROSSES HOLZ ❹, das ihr bald erreicht, zeigt, wozu die Herbststürme und die starke Brandung fähig sind. Schlafende Bäume nennt sie der Volksmund an der Boddenküste. Mächtige Stämme, die vielleicht vor einem Jahr noch dicht an der Klippe standen, liegen nun entwurzelt am Strand und werden so zu einem eindrücklichen Fotomotiv.

Entlang des erhöhten Deichweges und vor den Küstenwäldern von Lanken werdet ihr wieder reichlich Gelegenheit haben, ganze Flottenverbände von – ebenfalls sehr fotogenen – Schwänen zu sehen.

Im Wald von Lanken hat sich die Michael Succow Stiftung dem Schutz der seit 1957 unter Naturschutz stehenden Wildnis verschrieben. Ein Themenweg zeigt euch hier die Vielfalt der verschiedenen Waldtypen im sogenannten Drachenwald.

Dort, wo ihr heute durch den Wald Richtung Strand Ludwigsburg wandert, befand sich noch vor ein paar hundert Jahren ein Flachgewässer. Der slawische Name Lanken bedeutet genau das: feuchte Niederung.

Vor dem Strandbad kommt ihr aus dem Wald an einen etwas in die Jahre gekommenen Spielplatz und zum Restaurant Zum Boddenblick. Über den Strandweg geht es zurück zum Ausgangspunkt, der Schlosskapelle in Ludwigsburg.

ALLES, WAS IHR WISSEN MÜSST

Rundtour: gemütliche Wanderung auf teils unbefestigtem Untergrund // **nicht kinderwagengerecht** // Badesachen nicht vergessen! // Achtung: Auch wenn keine Schilder darauf hinweisen, ist das Herumklettern in den Bäumen nicht ungefährlich

Markierung: nicht einheitlich, besser Text oder GPS nutzen

Entfernung von: Berlin 248 Kilometer
ÖPNV: nicht empfehlenswert
Auto: Ludwigsburger Schlosskapelle, Kirchweg 7, 17509 Loissin

Einkehr: zahlreiche Restaurants im Wieker Fischerdorf

Auf dem Rügener Hochuferweg zum Königstuhl

Schwierigkeit: schwer // 8 Kilometer // 122 Höhenmeter
Für Familien mit sportlichen Kindern geeignet

PRACHTWÄLDER AN DER STEILKÜSTE:
WELTNATURERBE VOM FEINSTEN

Diese Wanderung gehört zweifelsoh-
ne zu den schönsten Strecken in
Deutschland, hat es aber in sich. So
geht es durch herrliche Rotbuchen-
und silbrig schimmernde Buchenwälder mit spektakulären Ausblicken
aufs Meer und die Kreidefelsen.
Aber – Achtung – wir wandern auch
immer wieder durch Schluchten. Es
geht eben nicht, wie man annehmen
könnte, oben einfach mal auf den
Steilklippen horizontal auf einem

Waldpfad entlang, sondern wie in einem Mittelgebirge ständig berg-
auf und bergab. Jede kleine Bachschlucht, die ihr auf diesem Wanderweg heruntergeht, müsst ihr auf der anderen Seite wieder hochgehen,
um das Fels-Plateau auf dem Hochufer wieder zu erreichen.
Das geht in die Beine, macht diese oft unterschätzte Strecke an-
spruchsvoll und erfordert auch etwas Ausdauer und Geduld, denn
die Kreidefelsen sieht man anfangs nicht gleich um die Ecke.
Wir starten am Parkplatz Nationalpark-Zentrum Königstuhl bzw.
an der gleichnamigen Bushaltestelle in Sassnitz. Ein Waldweg führt
anfangs der Stubbenkammerstraße entlang und dann zum 2,5 Kilometer entfernten, gut ausgeschilderten UNESCO Welterbeforum
Königstuhl. Auch wenn man das Meer noch lange nicht sehen kann,
so schickt es uns doch öfters akustische Grüße. Denn ins Vogelge-
zwitscher mischt sich mitunter das kräftige ferne Dröhnen der
Schiffshörner. Vor allem an nebligen Tagen. Geht man früh morgens
los, ist man auf diesem Streckenabschnitt oft allein unterwegs, nur
vom Nebelhornsound und den Gesängen der Goldammer begleitet.
Nach kurzer Wanderung kommt ihr an ein etwa 3500 Jahre altes
Großsteingrab. Es entstand in der Zeit des Übergangs, als aus Nomaden sesshafte Bauern und Viehzüchter wurden. Ein Zeitraum, der
auch Trichterbecherkultur genannt wird.

Das UNESCO-WELTERBEFORUM KÖNIGSTUHL **1** öffnet erst um 10 Uhr morgens. Die absoluten Frühaufsteher unter euch sollten das bedenken, wenn sie frisch gebrühten warmen Kaffee vorziehen. Aber der Wanderstützpunkt ist nicht nur für seinen guten Kaffee bekannt, sondern erläutert euch in seiner sehr sehenswerten Dokumentation »Die Buchenwälder auf Rügen« einen der größten Urwald-Schätze des Nationalparks Jasmund.

Die uralten Buchen, die ihr auf dieser Wanderung noch sehen werdet, wurden von der UNESCO zum Welterbe der Menschheit erklärt. Die Ausstellung im Forum macht klar, wie sehr sie zu unserer europäischen Identität, zu unserer Urheimat gehören.

Kinder, die mitwandern, müsstet ihr jetzt vom nahen Waldspielplatz loseisen, denn, so sagt es ein Wegweiser, zum Königstuhl sind es noch 5,8 Kilometer. Das klingt machbar und ist es auch. Doch solltet ihr

Neben dem Höhenweg empfehlen sich die kurzen Exkursionen hinunter zum Strand um die Kreidefelsen zu bewundern

bedenken: All die Ab- und Aufstiege über teils steile Leitern an den Strand kommen an Wegstrecke und Beinmuskelarbeit noch hinzu. Die gute Nachricht: Fahrräder sind auf dem Wanderweg zum Königstuhl verboten. Selbst das Mitführen, also das Schieben, ist nicht erlaubt. Wir Wanderer sind also hier ganz und gar unter uns. Zeit, sich einmal Gedanken zu dem eigentlichen Wunder dieser Tour zu machen.

ABSTIEG AN DEN OSTSEESTRAND

DIE KREIDEFELSEN SIND URALT. ALS DER URKONTINENT GONDWANA VOR 150 MILLIONEN JAHREN AUSEINANDERBRACH, LAG DEUTSCHLAND, UND ALSO AUCH RÜGEN, ETWA AUF ÄQUATORHÖHE IN DEN TIEFSTEN TIEFEN EINES TROPISCHEN MEERES. EIN LANGER TIEFSCHLAF IM TROPISCH WARMEN OZEAN DER KREIDEZEIT, DER ES IN SICH HATTE. DENN WÄHREND AUF DEN JUNGEN KONTINENTEN DIE DINOSAURIER AUSSTARBEN, SANKEN 80 MILLIONEN JAHRE LANG MYRIADEN VON KALKSKELETTEN AUF DEN MEERESBODEN, WURDEN KOMPRIMIERT UND TAUCHTEN DANN AN DER OBERFLÄCHE AUF, ALS DIE MEERESSPIEGEL SANKEN.

Bald schon riechen wir die Mischung aus Wald und aus Meer, denn vom Wanderstützpunkt aus ist es nicht weit zu den Wissower Klinken. Wir gehen über eine Kuppe und vor uns erscheinen diese schneeweißen Kreidefelsen, die um 1800, also noch zur Zeit des Malers Caspar David Friedrich, mit Gras bewachsen waren. 2005 verabschiedete sich einer der berühmten Kreidezacken und stürzte

an den Strand und ins Meer. Die verbliebenen Felsen verzaubern jährlich immer noch Touristen aus aller Welt, die meist von diesem Unglück nichts ahnen. An manchen Tagen verschmelzen die Felsen und das Meer milchig mit dem Horizont und dem Himmel. An anderen dagegen leuchtet die Kreide, je nach Sonnenstand, in strahlendem Gelb oder kräftigem Orange. Das Licht macht die Magie dieses Ortes aus.

Die Naturkräfte sind auf unserer Wanderung auf dem Hochufer direkt erlebbar. Überall dort, wo die Bäume den Blick auf das schimmernde Meer freigeben, kann der Wind tüchtig reinpusten. Wie stark, sehen wir an den Windflüchtern. Bäume, die direkt an der Kliffkante stehen, krallen sich mit all ihren Wurzeln fest gegen den drohenden Absturz hinunter an den Strand.

Dann geht es weiter Richtung Norden. Von der ERNST-MORITZ-ARNDT-SICHT ❷ habt ihr einen freien Blick auf ein langes Stück der Kreideküste. Bei starkem Wellengang ist die Brandung des Meeres bis hinauf in die Wälder zu hören. Überall dort, wo Warnschilder stehen und auf die Abbruchgefahr hinweisen, wie an dieser Stelle, müsst ihr allerdings besonders aufpassen und solltet keineswegs zu nah an die Klippen treten.

Es geht an einer Bank vorbei, die aus physiotherapeutischer Sicht nicht gerade rückengerecht dazu auffordert, sich zurückzulehnen und zu entspannen. Keine Sorge, es kommen bessere Bänke, wie die auf dem Plateau über dem Kieler Ufer. Über eine schöne lange Holzbrücke erreicht ihr diesen Aussichtspunkt, solltet aber vorher nicht den kleinen Wasserfall verpassen, den ihr nur beim hier möglichen, teils sehr steilen Strandabstieg zum Kieler Ufer sehen könnt.

Was nun folgt, ist einer der Höhepunkte dieser Tour. Denn die grausilbernen, strahlenden Buchen, die ihr auf den mäandernden Waldwegen der Stubbenkammer nun erblicken könnt, sind einfach ein Hingucker. Grandios, wie plötzlich aus der Urzeit hierhin gezaubert. Kein Wunder, dass auch die UNESCO verzückt war, als sie diese Buchenwälder ins Welterbe der Menschheit aufnahm.

Leider wird dieses Wunder viel zu wenig beachtet. Die meisten Wanderer stapfen in großen Schritten über den samtweichen Waldboden an den Buchen vorbei, um ihr eigentliches Ziel, den Königstuhl, so schnell wie möglich zu erreichen. Woher kommt nur die Begeisterung und Verehrung für diesen Felsen?

Der Königstuhl als bekanntestes Wahrzeichen Rügens wurde vor allem durch das 1818 entstandene Gemälde »Kreidefelsen auf Rügen« von Caspar David Friedrich weltberühmt. Dabei ist dieser Felsen gar nicht auf dem Bild zu sehen, sondern verschiedene Felsklippen, die Friedrich einfach zusammengestellt hat. Inspiriert wurde er vor

*Jasmunds Urwald: Ein kleines Stück
unversehrter, zauberhafter alter Buchenwald*

Ostsee bis zum Horizont

allem von den Kreidefelsen der Stubbenkammer, südlich der Victoriasicht. Oft wird auch die Ähnlichkeit zu den Wissower Klinken genannt. Allerdings gab es diese Felsen zum Zeitpunkt der Entstehung des Gemäldes so noch nicht. Zur Zeit des Malers waren sie noch mit Gras bewachsen.

Also dann, auf geht's zur **VIKTORIASICHT** ❸ und deren Blick auf den Königstuhl. Kaiserin Auguste Viktoria hatte am 22. Juli 1890 das erste Kurhaus Rügens in Binz eröffnet und gehörte drei Tage später zu den ersten Gästen, die diese Wanderung unternahmen. Eine kleine Aussichts-Plattform ist heute nach ihr benannt, vor der sich oft lange Menschenschlangen bilden.

Glücklicherweise gibt es ein kleines Stück weiter eine etwas größere Plattform, von der aus man seinen Schnappschuss machen kann. Auf dem Plateau Königstuhl hat die vor über 220 Jahren eröffnete Aussichtsplattform ihre Pforten für immer geschlossen. Dafür lädt hier seit dem Frühjahr 2023 ein spektakulärer **SKYWALK KÖNIGSWEG** ❹ zu einem neuen Blick auf den Königstuhl ein. Vom schwebenden Rundweg seht ihr das Highlight dieser Tour aus neuer Perspektive und kommt unmittelbar dicht an das weiße Wunder heran, das diese Wanderung so reizvoll macht: die Kreidefelsen.

Dazu sei allerdings abschließend daran erinnert: Was wir letztlich, hier am Ende unserer Wanderung vor uns, beziehungsweise unter uns haben, sind verblüffenderweise nichts anderes als die in Millionen von Jahren komprimierten, kalkhaltigen Überreste unzähliger Kleinstlebewesen und Meeresbewohner.

ALLES, WAS IHR WISSEN MÜSST

Keine Rundtour: Eine erneute 8,2 km lange Rückwanderung ist sehr ambitioniert. Wer die Strecke nicht zurückwandern möchte, kann direkt am Königstuhl einen Bus zurück nach Sassnitz nehmen. // Gutes Schuhwerk und Fernglas nicht vergessen! // Der Weg ist **nicht kinderwagengerecht,** da viele Wurzeln und Ab- und Aufstiege zum Strand.

Markierung: sehr gut ausgeschilderter Wanderweg

Entfernung von: Rostock 171 Kilometer, Berlin 315 Kilometer
ÖPNV: Bushaltestelle Sassnitz Nationalpark-Zentrum Königstuhl
Auto: Parkplatz Nationalpark-Zentrum Königstuhl, Stubbenkammer 2, 18546 Sassnitz

Einkehr: **Café im UNESCO-Welterbeforum Königstuhl,** Waldhalle 1, 18546 Sassnitz (geöffnet 10 bis 17 Uhr). Ihr erreicht das Café bei zügigem Wandern nach 20 Minuten

Bibliografische Informationen der Deutschen Nationalbibliothek:
Die Deutsche Nationalbibliothek verzeichnet diese Publikation
in der Deutschen Nationalbibliografie; detaillierte bibliografische Daten
sind im Internet über https://www.dnb.de/ abrufbar.

© Bilder: Joscha Remus, außer: S. 6, 7, 104, 115, 137 Manfred Herz,
S. 38, 42 Carsten Preuss, S. 39 H. Hause, S. 46, 52 Rita Graf,
S. 48, 50, 51 Cordula Schladitz, S. 49 Jutta Wegener,
S. 54, 59 Andreas Tönnessen, S. 106 shutterstock.com / WildMedia,
S. 200 shutterstock.com/mapman
Umschlaggestaltung: Nina Schäfer
Umschlagmotiv: shutterstock.com/encierro
Layout: Editorial Design & Artdirection, Conny Laue, Bochum,
nach einem Konzept von Nina Schäfer
Kartografie: Altan Cicek, altancicek.design, altancicek.de

Druck und Bindung: CPI – Clausen & Bosse, Leck
Printed in Germany 2023
ISBN 978-3-7408-1436-6

Unser Newsletter informiert Sie
regelmäßig über Neues von emons:
Kostenlos bestellen unter
emons-verlag.de